まわりを味方につける

頭のいい報《ほう》・連《れん》・相《そう》テクニック

report, communication & consultation

Hakoda Tadaaki
箱田忠昭

日本実業出版社

プレゼン理由　1~4項目

目的

報連相の必要性

なぜ必要かって　人間関係の改善

業務の効率

目的

報連相とは

報告

連絡

相談

はじめに――いまなぜ、「報・連・相」が重要なのか

◉業績をあげるには「やる気」が決め手です

この本を手にとったビジネスマンの皆さん。皆さんにお聞きします。

皆さんにとってビジネスの目的は何ですか。仕事？　出世？　お金？　家庭？

いろいろと立場はあるでしょうが、ビジネスの成功は、まず業績をのばすことでしょう。業績をのばせば、出世もお金も手に入れることができます。

では、どうしたら業績をのばすことができるでしょうか。


アメリカ労働科学研究所の調査によれば、生産性向上のおもな要因は、

①人間関係の改善（四〇％）
②仕事の技法改善（二〇％）
③機構や組織の改善（二〇％）
④その他（二〇％）

となっています。

これを見ると、業績をのばすには、人間関係をよくして、よい気分で働けるかどうかに

かかっていることがわかります。よい気分で働けるか、ということは「やる気」がおきるかどうか、ということでもあります。

◉やる気をそぐ原因は「人間関係のつまずき」

そこでお聞きします。

あなたは、燃えるような「やる気」を持って仕事をしていますか?

もし、やる気を失っているなら、自分の周りを見回してみてください。あなたのやる気を阻害しているものを探してみましょう。

安い給料、つまらない仕事、実現不可能なノルマ等、いろいろ考えられます。しかし、嫌な上司、というのが最も大きな要因ではないでしょうか。

上司のみならず、同僚、部下、社内外の人間関係に悩んでいる人も多いはずです。

他人との人間関係やコミュニケーションがうまくいかないと、顧客の心を動かすこともできません。お客さんとのコミュニケーションができなければ、売上を増やすこともできません。

上司や部下、同僚とのコミュニケーションが悪い場合は、仕事が進んでいきません。

上司に頭ごなしに叱られた、意地悪な先輩が仕事を教えてくれない、など職場で感じる疎外感は著しくやる気をそぎます。

逆に、職場でのコミュニケーションがうまくいって、存在を認められると俄然やる気が出てきます。

◉コミュニケーション能力は成功の切り札

つまり、業績をあげるには、コミュニケーション能力が、非常に重要だということです。

かつて、アメリカのある経済紙が、大企業の社長や副社長といった経営のトップ一五〇〇人に「なぜあなたは成功できたのか?」というインタビューをしたことがあります。その結果、七二%の経営者が「コミュニケーションの勉強をしたからだ」と答えたのです。

平均年収数億円という経営者の七割をしてそう言わしめた「コミュニケーション」とは、それほど大きな力を持っている、と言えるでしょう。

つまり、自分の意思を伝える力、他人の考えを聴く力、企画書を書く力、話す力等、仕事の大部分はコミュニケーションに由来する、と言っても過言ではありません。

◉あなたの人生は上司がにぎっている

考えてもみてください。私たちの人生は、かなりの部分が他人に決められています。

「そんなことはない、職業選択も自分の意思でやった」と思っているあなた。入社を決めてくれたのは他人です。あなたの給料はだれが決めていますか。配属先や勤務地はだれが決めていますか。あなた自身ではないでしょう。

同じように、あなたの評価もあなた自身では決められません。「あいつは仕事ができる。あいつをこの仕事に抜擢しよう」と決めるのは、上司、人事部、経営者、つまり他人です。

私は、外資系企業に一九年間勤めました。その間、二七歳で課長、二九歳で次長、三三歳で部長になり、三八歳のときに社長になりました。

能力があって成果をあげたから？　違います。

能力があると他人が認めたからです。

高い評価を望むなら、やる気を示して、仕事ができるところを見せなければなりません。

とくに、私の勤めていた外資系企業では、ある程度の能力があれば、あとは上司の好き嫌いで評価されていました。

成果主義、実力主義というのは表向きで、実際は上司に好かれている人は出世も早く、昇給も得られたのです。

同じくらいの力を持った二人の部下がいれば、上司は間違いなく「好き」なほうを「できる」と評価します。自分との人間関係がよい人を「能力が高い」と認めるのです。評価される側にすれば、上司に好かれることも「仕事」のうちです。上司とのコミュニケーションを活発にして、上司に評価されなければ力を発揮する場さえ与えられないからです。

◉職場でのコミュニケーションの基本は「報・連・相」

このように、あなたがやる気をおこして仕事に打ち込み、それを評価させたいなら、上司との親密さ、つまり何でも話し合える関係が是が非でも必要です。上司とつねにコンタクトをとり、コミュニケーションできる状態にしておかなければなりません。

一方、上司の側からしても、同じことが言えます。つねに職場の風通しをよくし、部下が何でも気軽に報告や相談に来られるような雰囲気をつくっておかなければ、部下を気持ちよく働かせることができません。部下に足を引っ張られてしまいます。

こうした職場での対人関係力を、「報告・連絡・相談」を短縮して、一般に「報《ほう》・連《れん》・相《そう》」と言ったりしています。

これは、職場でのコミュニケーションの基本です。と同時に、部下が上司に認められる、気に入られるための「切り札」でもあります。

◉「報・連・相」が成功のコツ

基本としての報・連・相は、いろいろな企業で取り上げられ、新入社員研修の必須アイテムのように言われています。だれもが口にし、だれもがその必要性を認めています。

しかし、それでもなお、なかなか実行されないのはなぜでしょうか。

それは、報・連・相をひとつの業務、あるいは技術・技法だと捉えているからです。業務として義務化すれば面倒な仕事が増えるだけで、方法は形式化し、内容はなおざりになります。

また、技術・技法と考えると方法論に終始し、テクニックの優劣ばかりが問題にされ、実践的でなくなります。

使いやすく効果的な報・連・相の技術を身につけることはビジネスマンの必須事項であり、出世のコツでもあります。

◉「報・連・相」で人生を変えよう

そこで私は、報・連・相を、上司や顧客、同僚等、すべての人に気に入られるための強力なカードと捉えることにしました。報・連・相は本来、仕事の進め方であり、対人関係力そのものです。

言い換えればコミュニケーション能力ですから、報・連・相のスキルを高めることが他人とのコミュニケーションを緊密にし、好かれる早道なのです。
日々の仕事の進め方のスキルである報・連・相に習熟すれば、コミュニケーション力がつき、上司からかわいがられて仕事を任されるようになります。そこで業績をあげればさらに高い評価が得られます。そうすれば、出世も昇給も思いのまま、異性にももてるようになるでしょう。

この本には、日本人のコミュニケーション能力を高めることをライフワークにする、私の持てるノウハウをいっぱい詰め込んであります。それを報・連・相にどう応用するか具体的に書きました。上司の心を捉えて、大きなチャンスをつかんでください。
そして、あなたのこれからの人生を変えてください。

２００６年６月

箱田　忠昭

Contents

まわりを味方につける頭のいい報・連・相テクニック＊もくじ

第2章 絶妙な「報告のスキル」を身につけよう

第3章　確実な「連絡のスキル」は仕事を変える

第4章 「相談」はできる人の最重要テクニック

第5章 「報・連・相」に使えるNLP理論

第6章 尊敬され、できるリーダーになるために

カバーデザイン／モウリ・マサト
本文デザイン・DTP／ムーブ

第1章

成功する人の「人に好かれる報・連・相の技術」

1 出世も給料も上司のサジ加減

仕事ができるかどうか判断するのはだれ？

◉あなたは仕事ができる人ですか？

最初にお聞きします。

「あなたは仕事ができる人ですか？」

そう問いかけると、さまざまな声が聞こえてくるようです。

「もちろん、バリバリやっていますよ」

「そこそこにできると思います」

「どうもいまいち自信がなくて……」

では、仕事が〝できる人〟とは、どんな人を言うのでしょうか。

与えられた仕事をテキパキと片づける人？

とにかく成績のよい人？

社内で表彰される人？

いや、そんな華々しい活躍をしなくてもいい。地味でもソツなくこなしていく人こそ仕事ができる人だ、という見方もあるかもしれません。

また、いま何をやらなければならないかを明らかにして、自分で段取りをする人なども〝仕事のできる人〟だ、と言う人もいるでしょう。

いろいろな評価の基準があります。

◉評価を決めるのはあなたの上司

どんな基準で評価をするにしても、それは他人からの評価であって、自分を評価する基準ではありません。もしあなたが「おれは仕事ができる」と思っていても、それは単なるうぬぼれかもしれません。仕事ができるかどうかは、他人が判断することで、自分で決めることではないのです。

リストラされた人に聞いてみると、だいたいにおいて、「自分はこの仕事に関しては自信があった。どうしてリストラされたのかわからない」と語ります。自分の仕事に誇りを持ち、精一杯がんばってきたのでしょう。同情は禁じえませんが、自分がくだす評価ほどあてにならないものはない、ということです。

客観的に見て仕事ができると思える人は、たしかにいます。正しい手順で丁寧、しかも仕事が速い。そういう人は〝仕事のできる人〟との評価を受ける可能性はあります。それは人が評価するのであって自分で言うことではないのです。いくら仕事ができると自分で思っていても、周りの人が評価してくれなければ、ひとりよがりにすぎません。

上司が「あいつは仕事ができる。だからこの仕事を任せてみよう」と思ったとき、はじめてあなたは仕事のできる人になります。

上司が認めなければ、あなたがどんなにテキパキと仕事をこなそうとも、あなたは昇給もしないし、出世もしません。不幸な人生になるかもしれません。

◉どんなに優秀でもコミュニケーション力がないと仕事にならない

私はかつて外資系の会社でセールスをしていました。成績がだんだんあがってきたところで企画書をつくって、上司にいろいろな売り方の提案をしました。ところが、上司は何かと難癖をつけ、私の企画をなかなかとり上げません。

私は、考えを改め、まず上司とよい関係をつくり、気に入られることが先決だと気づきました。

上司に好かれるにはどうすればいいか。上司とのコミュニケーション、人間関係等を学びました。

そして上司に「おまえはいいヤツ」と思われるよう努めました。上司の悪口を言う人が多い中で、私は徹底して上司に味方しました。

すると、上司はいつの間にか私を引き立ててくれるようになったのです。私の提案にも耳を傾けるようになりました。

自分では、「仕事ができて実績をあげているんだ。だれに媚《こび》を売る必要がある」と気取っていても、上司に気に入られなければ、その優秀さを見せつける舞台となる仕事さえ与えられなくなります。

仕事をしたければ上司に好かれる努力をしろ、これが私のビジネス・コミュニケーション術の第一歩でした。

ポイント

いい仕事をしたければ「上司に好かれる」努力をしよう

上司や同僚に嫌われたらすべての努力がムダに

◉嫌われたら評価どころか舞台にも立てない

若いうちは自分の主張を通そうとしても決定権がありません。やりたい仕事、独自の方法などを試したくても、自分ひとりの力ではどうにもできません。すべては上司の決定と承認が必要となります。

そういうとき、力のある人が後ろ盾になってくれ、応援してくれれば腕をふるうことができます。仕事をしたければ、上司に取り入ることが絶対条件です。

上司に取り入るというと、ゴマすりとか、おべっか使いとか、悪いイメージに捉えがちですが、そんなことはありません。〝取り入る〟というのが不本意なら、緊密なコミュニケーションをとる、と考えればいいでしょう。それだけでも上司との関係改善になります。

大事なことは、少なくとも上司に嫌われてはいけない、ということです。

上司に嫌われたら、大きな仕事を任せてもらえないだけでなく、せっかく努力して成しとげた本来の仕事も、評価してもらえません。

上司だって人間です。一匹狼を気取って自分の言うことを聞かない生意気な若手を、引き立ててやろうなどとは思いません。ちょっとしたミスをことさら大きく取り上げて叱責するくらいのことはしかねません。

それは上司が意地悪だからではありません。それが人間の心理だからです。

アリゾナ州立大学の教授だったチャルディーニという学者は、**「人は好意を持っていない人の要請には応えない」**ということを言っています。人間の心理として、嫌いな人にまでやさしくするなど、あり得ないことです。

だからこそ、上司には嫌われてはならないのです。これはビジネスの鉄則です。

◉嫌われないためにまず大事なのが「報・連・相」

では、上司に嫌われないために何をしたらいいのでしょうか？

ここで、本書のテーマである「報・連・相」が登場します。

私のセミナーに参加した人の中に、コミュニケーションをとるのが下手で、上司に叱られてばかりいる若手社員がいました。

彼の悩みを聞いたうえで改めて注意して見てみると、決して能力がないわけではありません。むしろ丁寧で慎重な作業の進め方には好感を覚えるほどでした。

しかし、遂行力があればよいということではありません。極端に内向的な人であってはだめなのです。

聞けばこの社員は、上司とのコミュニケーションはあまりうまくいっておらず、相談はもちろん、会議での発言もまったくしないとのことでした。与えられた仕事を自分なりのやり方でコツコツこなすため、時間がかかり、結果的に上司の気に入るできばえにならない、というのです。それでは、上司も叱らざるをえないでしょう。

仕事の進め方は、上司と「相談」しなければなりません。我流でやりたいなら、それも上司の了承が必要です。仕事はひとりで進めることはできません。多くの人と連絡し、その力が結集する場で行われるのです。しかも会議で無言であっては、とても「できる人」とは言えません。

その意味でも、上司も含めた職場でのコミュニケーションの重要性を、彼はもっと認識すべきでした。

ポイント 報・連・相によるコミュニケーションが好かれる第一歩！

2 周囲を味方につけるシンプルで効果的な技術

上司からかわいがられる条件とは?

◉仕事ができるだけでは嫌われる！

私の坐禅の師である菅原義道老師が、あるとき「忙しい、忙しい」と言っている人に、「お前ずいぶんヒマだな」と言ったことがあります。言われた人は「とんでもない！ 忙しくて猫の手も借りたいくらいです」と反論しました。

すると老師は、「お前はヒマだよ。なぜなら『忙しい、忙しい』と言ってるヒマがあるだろう。ほんとに忙しければ、そんなこと言ってるヒマはないはずだ。死にものぐるいで働いているはずだろ」と笑いました。

その人は仕事のできる人で、いくつもの仕事をかけもちしていましたが、老師から見れば「ヒマな人」に見えるようです。

このように、忙しがっている人が必ずしも仕事ができるとは限りません。老師にしてみれば、忙しがる人よりも忙しい時間を割いて坐禅を組む人のほうが〝できる人〟と思っていたのでしょう。

仕事ができる人の中には、たしかに優れた人もいるでしょう。しかし、自信に満ちていて、自分の力を過信する傾向があります。他人に相談することもなく、ぐいぐいと仕事を進めていきます。報告や連絡も怠りがちです。

こういう部下を持った上司はどう思うでしょうか。頼もしいと思う一方で、「あいつは独断専行で困る」と感じるでしょう。あるいは、そういう部下の出現を脅威と感じ、早いうちに叩いておこうと思うかもしれません。

少なくとも、引き立ててやろうとは思わないでしょう。なぜなら、そういう人は上司を馬鹿にする傾向があるからです。下手に引き立てると、自分より出世する恐れもあります。そうなると、今度は自分の上司として仕えなくてはならなくなります。

それを私は、「さん君交代」と呼んでいます。昨日まで部下を「山田君」と呼んでいたのに、今日から上司になったので「山田さん」と呼ばなければならないからです。ちょっと悲しいですね。

仕事のできる人が嫉妬を買いやすいのは事実です。「出る杭は打たれる」とのたとえのように、目立つ人は嫉妬の対象になります。上手にかわさないと、上からも下からも反発されてしまいます。

◉父から受けた仕事に対するひとつの教訓

嫉妬から逃れる方法はあるのでしょうか。

それは、周囲への「配慮」と「謙虚」さです。

同僚に嫉妬されそうだと感じたら、たまに食事をおごったり、飲み会に誘ったりと、心理的な貸しをつくっておきます。また、丁重な言葉づかいも必須です。

出張したら、必ず職場への土産を買い、社外の人には訪問するときに菓子折を持参します。上司の反発を予感したら、譲歩して花を持たせます。功を譲ることも、ときには必要です。

私は大学を卒業して、住友スリーエムという会社に就職しました。私の親父は、大変がっかりしたようです。その当時は、日本企業に行かれない人が、やむを得ず外資系へ行ったものでした。

父は、国立大学出身で頭のよい人でした。私は私大出で、成績もよくなかったので、外資系への就職はやむを得ない選択でした。

その父が珍しく私にアドバイスをくれました。

「おまえは、まあ英語が好きなようだから、外資が向いているかもしれない。でも、大して出世しないだろう。なぜなら、おまえは自己中心的で、他人への配慮がまったくない。自分さえよければ、人はどうなってもよい、という態度が見え見えだ。

『功を譲れ』

そうすれば、もっとうまくいくだろう」

厳しかった父からデキの悪い息子への、実に適切なお説教であったと思います。

◉いつも話しかけてくる人には好意を持つ

また、メールには必ず返事を送り、廊下ですれ違うときもひと声かけるなど、普段からマメにコミュニケーションをとっておきます。

このようにきめ細かく対応しておけば、人脈がつながり、いざというときに足元をすくわれることはないでしょう。

とくに、声をかけるという行為は重要です。いつも自分に関心を持ち、話しかけてくれる人には、しだいに心を許すようになるからです。

アメリカの心理学者ザイアンスは、「**人は会えば会うほど好意を持つ**」という法則を唱えています。「熟知性の法則」とも呼ばれ、コミュニケーション論の基礎理論になっています。

話の内容が濃くなくても、いっこうにかまいません。極端に言えば会話がなくてもいいのです。「おはようございます」「こんにちは」「調子はどうですか」「お元気ですか?」「もうかってますか」などのあいさつだけで十分です。

会って声をかけ合うことが繰り返されれば、しだいに好意を持つようになるのです。

好意を持ってもらおうと思ったら、まず話しかけること、そしてそれを繰り返すことです。上司でも同僚でも、好意を持ってくれる人がいれば、味方になってくれます。とにかく声をかけ、いつでもコミュニケーションをとることが大切です。

◉〝ジジ殺し〟の必殺フレーズ

上司にかわいがられる人を観察してみると、上司をうまく持ち上げていることがわかります。持ち上げるといっても、見え見えのお世辞ではありません。お世辞は見えすいたウソです。上司に頼り、教えを仰いだり、援助を求めたり、上司の顔を立てて、満足感を与えているのです。

こういう態度に出られると、上司も「しょうがないなあ、結局はオレに泣きついてくるんだから」と、愚痴をこぼしながらもまんざらではないような顔で、腰を上げます。そして、「あいつはオレが、一から手をとって教えてやった弟子のような者」と思い込みます。

上司にかわいがられる部下は、往々にしてこのような〝必殺技〟を持っています。私はこれを「ジジ殺しの技」と呼んでテクニックのひとつに数えています。そして報・連・相は「ジジ殺しの技」の重要なファクターでもあります。

報・連・相を忠実に励行すれば、上司とのコミュニケーションを頻繁にとることが可能です。そこで、報・連・相で上司の懐に飛び込む格好のフレーズとして、

「あのう、ひとつだけお聞きしたいことがあるのですが、よろしいですか」

を多用してください。

ヨイショをするというと気乗りがしなくても、仕事の報告や連絡、相談のために上司に話しかけることには、抵抗がないでしょう。報・連・相はまず、このフレーズからはじまります。上司に好かれる技、〝ジジ殺し〟をしかけていくのです。

ポイント

「ひとつだけお聞きしたいことがあるのですが」でいつも話しかけよう

うまい報・連・相のための必勝基本テクニック

◉意外に疑り深い人間の心理

私が話し方のセミナーをするとき、最初にお話しする項目が「人間の三大心理」というものです。

それは、

①人は事実でなく言葉に反応する
②人は往々にして不合理なものの見方、考え方をする
③人は往々にして否定的に物事を考える

という三つです。

これらの心理を考えると、人間は相当程度、感情的といえそうです。

そんな感情的な人間に、こちらを向かせ、気持ちを引き込むのはかなりむずかしいことです。

しかし、感情的だからこそ、相手をよい気分にすることが重要です。職場においては「報・連・相を密にする」ことにより、相手をよい気分にすることができます。これを大いに利用して、上司との間によい人間関係をつくればよいのです。

●よい人間関係をつくる「五大ルール」

よい人間関係をつくるには、五つの基本事項があります。

①繰り返し顔を合わせる（前述したザイアンスの「熟知性の法則」の応用）

②ほめる（認める・ほめる・肯定する・賛成する＝「みほこさん」と覚える）

③つとめて明るくふるまう（「してよニッコリ」後述）

④徹底的に聴き役になる（アクティブリスニング・後述）

⑤相手の立場になって行動する

このような五つの基本を実践していけば、必ずよい関係が築けます。

〝顔を合わせる〟ということでは、どんな用件でもいいから、簡単な相談ごとをつくって上司と話をする機会をつくることをおすすめします。さっきの「ひとつだけお聞きしたいんですけど」を使うわけです。

相談されるということは上司に限らず自尊心をくすぐられるものです。相談相手として選ばれるというのは、人として信頼された証ですから気持ちの悪いはずがありません。

それに相談されると、なんとか力になってやろうと、親身になってしまうものです。

【人間の三大心理】

❶ 人は事実でなく言葉に反応する

「この問題について、逃げないでご回答ください」

「なに、オレがいつ逃げた。逃げてなんかいないぞ」
▶問題に答えるより先に、“逃げる”という言葉に反応して、立腹している。

❷ 人は往々にして不合理なものの見方、考え方をする

「争いごとはよくない。職場ではみんな仲良くやってくれ」

「だけど、あいつだけは生意気だからいじめてやろう」
▶理屈ではわかっているが、それだけでは納得しない。

❸ 人は往々にして否定的に物事を考える

「この報告書いかがですか」

「誤字、脱字、変換ミスが多いよ。やり直しだな」
▶まず否定できる箇所を探すクセがある上司の例。

【よい人間関係をつくる五大ルール】

①繰り返し顔を合わせる
②ほめる
③つとめて明るくふるまう
④徹底的に聴き役になる
⑤相手の立場になって行動する

◉報・連・相のあとに「ほめる」

そのとき、上司から示された解決方法に感嘆し、ほめれば、それは〝ジジ殺し〟の立派なテクニックです。

どんな人でも、ほめられれば嬉しいもので、「なんでオレのことをほめるんだ。オレをほめるな」と怒る人はまずいません。ほめられれば、ますます自尊心を満足させられるでしょう。

このテクニックは、よい人間関係をつくる五つの基本のひとつとして、上司のみならず、部下、同僚、妻、夫、子どもとの関係において必須です。

報告でも相談でも、相手の言ったひと言にすばやく反応して、

「それはいいアドバイスをいただきました」

「さすがに部長は深いところまで考えているのですね。勉強になります」

と、上司をほめます。

上司からの指示に対し「はい、わかりました」と、ただうなずくだけとは、与える印象がまるで違います。

上司からすれば、ほめられることもまんざらではないのですが、それ以上に部下が自分の言うことを前向きに、肯定的に捉えてくれたことに満足を覚えるのです。

【ほめるときは「みほこさん」で！】

み	＝	**認める**……相手の存在の大きさを認める
ほ	＝	**ほめる**……相手のすばらしさを称える
こ	＝	**肯定する**…相手の言うことを肯定する
さん	＝	**賛成する**…相手の考えや提案に賛成する

◉「みほこさん」で相手の心をつかむ

ほめる習慣のない人は、ほめ方がわからないと言います。下手にほめると、お世辞やおべっかになってしまって、下心があると思われそうだと言うのです。

気にすることはありません。相手と仲良くなりたいというのが下心なら、それを見透かされてもいいじゃないですか。堂々と下心を持ってください。

むしろ、その下心を相手に伝えるつもりでほめるのです。ほめ方のコツは、「みほこさん」です。

・**み＝認める**…相手の存在の大きさを認めること。

これは、相手がほめてほしいと内心思っていることをほめるテクニックです。

「最近、絶好調ですね」「いい仕事してますね」「さすがですね」

・**ほ＝ほめる**…相手のすばらしさを称えること。

これは、相手が意識していない長所をほめると効果があります。

「部長の笑顔を見ていると、私まで明るい気持ちになります」

・**こ＝肯定する**…相手の言うことを肯定すること。
これは、相手の言ったことをそのまま言うテクニックとも通じています。

「○○とはいい考えですね」「○○でいきましょう」

・**さん＝賛成する**…相手の考えや提案に賛成すること。
これは、肯定より以上に相手の言うことに同調するテクニックです。

「私もまったく同感です」「よくぞ私の言いたいことを言ってくれました」

このようなテクニックを用いて、上司だけでなく、同僚など周囲の人たちに対しても、相手の話に乗っていき、よい人間関係をつくりましょう。

◉「明快肯素」でいこう

よい人間関係をつくる五つの基本のひとつ、「つとめて明るくふるまう」は、テクニック以前の問題かもしれません。社会生活を営むうえで、明るさはどんな場合でも必要なものだからです。

報・連・相においても同じです。お葬式など人の不幸の場合は別ですが、仕事上の場合は、悪い報告だからといって、暗く、苦々しい表情で話す必要はありません。否定的に話されると、聞くほうは「絶望的な状況なのかな」と思ってしまいます。

逆に明るく話されると、深刻さが薄れ「何か解決の方法があるのでは」と思えてきます。明るく話すことによって、上司にかける心理的負担を軽くします。

私は、陰湿でひねくれている人を**「アンピクタン（暗否苦反）」**と呼んでいます。暗く、否定的で、苦々しく、反抗的な人という意味です。

それに対して明るい人を**「メイカイコウソ（明快肯素）」**と呼びます。明るくて快活、肯定的で素直な人という意味です。

どうしたら「明快肯素」になれるかというと、それは努めて明るいふりをすることです。ウィリアム・ジェームスという人は「人は悲しいから泣くのではない。泣くから悲しいのだ」と言っています。行動が感情をつくるという説です。たしかに何かのふりをすると、ほんとうにそのような気持ちになることがあります。

人間関係においてもこれを応用して、意識的に明るくふるまうことを心がけましょう。

◉「してよニッコリ」は好かれるための必須アイテム

明るくふるまうには、「してよニッコリ」が、欠かせません。

「してよニッコリ」は、好印象を与えるポイントを四つにしぼってあげたものです。**「し＝視線」「て＝手の動き」「よ＝よい姿勢」「ニッコリ＝笑顔」**が、人柄をよりよく見せるカギだということです。

視線とは、相手の目をしっかりと見つめ、強い関心を示すアイコンタクトのことを言います。「眼は口ほどにモノを言い」ということわざがあります。あなたの人柄や感情は、必ず眼に出ます。あなたの視線、目つきは、実に重要なコミュニケーション・ツールであることを忘れないでください。

手の動きは、ジェスチャーです。自分の熱意や意欲を手の動きで表現します。

よい姿勢には服装や態度も含まれます。清潔感のある服装と髪型で、マナーをわきまえた態度で人に接します。

ニッコリは、親しみのこもった、にこやかな笑顔です。

これらのポイントに注意して人に接することができれば、好印象を持ってくれるでしょう。

ポイント 報・連・相でも「ほめる」べし。ほめるコツは「みほこさん」

3 すべての人に認められるための「報・連・相」

報・連・相はあらゆる人間関係を改善できる！

◉報・連・相をカタく考える必要はまったくない

この章で扱ってきたのは、人に好かれることのメリット、とくに上司に好かれることの重要性でしたが、そのために必要なのがコミュニケーションである、という話でした。

そして、上司とのコミュニケーションといえば「報・連・相」がその入り口であり、これを利用すれば人間関係がよくなる、というところまで述べてきました。

しかし、報・連・相は、単に上司との関係をよくするためだけのものではありません。営業マンと顧客との関係改善、あるいは同僚、部下、プライベート等、あらゆる局面で応用できるスキルです。

読者の皆さんも、「報告と連絡との違いは……」などとカタく考える必要はまったくありません。〝報・連・相は上司に認められ、これからの人生をよくするための道具〟と思って積極的に身につけてください。

◉通常は話せない人、話しにくい人に近づくチャンス

世の中には、何ともとっつきにくい人もいますし、とっつきやすい人もいます。機嫌が悪いのか、気難しいのか、こちらが話しかけてもろくに返事をしてくれない人もいます。こういう人には話題選びも困りますね。

ところが、仕事がからめば「報・連・相」というコミュニケーションが可能になり、話題選びに悩むこともありません。

また、会社が大きければ大きいほど、雲の上の存在である社長や重役たちと話す機会は少なくなります。若手社員の中には、採用試験の重役面接のときに話しただけで、入社以来一度も話したことがない、という人もいるほどです。

そういう普段話せないような人たちとも、プライベートな相談という口実があれば近づくことができます。

逆に言えば、若手社員にとって大物上司に直接話しかけることができるのは、そんな相談ぐらいしかありませんんね。

「この件は、きみが社長に直接報告してくれ」

と、ときには直属上司の頭越しの報告もありえます。そんなときはチャンスです。うまくやらねばなりません。ですから、報告、プレゼンは日頃から練習しておく必要があります。

ポイント 人生をよくするための道具が「報・連・相」

報告はプレゼン、連絡は日常のコンタクト、相談はネゴ

◉報告とはプレゼンテーションのようなもの

実際の報・連・相のスキルについて述べるまえに、報・連・相のイメージについて触れておきましょう。

私のイメージでは、相手の人数が多いか少ないかの違いはありますが、「報告とはプレゼンテーションなり」であります。

プレゼンテーションとは、〝少人数のグループに対し、限られた時間内で一定のテーマで話し、こちらの思いどおりの行動をとらせること〟ですから、その相手を〝少人数のグループ〟ではなく、〝一人の上司〟に置き換えれば、「報告」の定義に近づくのではないかと思います。

ということなら、報告の技法としてプレゼンテーションのテクニックも利用できることになります。これについては、第2章で触れておきました。

◉連絡にはコミュニケーション・テクニックが役に立つ

連絡のイメージは、まさに日常のコミュニケーションそのものです。

コミュニケーションとは、気持ちや意見などを、言葉や文字を用いて相手に伝えることです。要するに、連絡することにより、情報を上司と共有することになります。

日常の連絡は、コミュニケーションの技術が縦横に発揮できるフィールドです。

コミュニケーションの技術というと、前述した「よい人間関係をつくる五つの基本事項」、①繰り返し顔を合わせる（熟知性の法則）、②ほめる（みほこさん）、③つとめて明るくふるまう（してよニッコリ）、④話を聴く、⑤相手の立場に立つ、などをはじめ、さまざまなテクニックがあります。それを第3章で詳しく述べていきます。

◉相談の本質はネゴシエーション

相談とは、自分が判断に迷うとき、他人にアドバイスを仰ぐことを言いますが、私のイメージでは、相談とはネゴシエーション。すなわち交渉です。

判断に迷うとは言うものの、自分の意見は持っているわけで、その意見を検討してもらうことが、相談の目的です。

つまり、自分の意見の正しさを立証してほしい、というのが相談者の内心の思いです。

相手の言うことをよく聴き、自分の意見も主張する。これこそまさにネゴシエーションそのものです。

相談が〝ジジ殺し〟の切り札であると前述しましたが、相手に体当たりする果敢さが年長者には好ましく感じられるから、という理由もあります。

相談相手としてその人を選ぶのは、相手を認めるからこそであって、尊敬できない相手にぶつかっていく人はいません。

交渉相手として手ごわいからこそ、尊敬する上司を選ぶのです。

ポイント

手ごわい相手だからこそテクニックが必要

第2章

絶妙な「報告のスキル」を身につけよう

1 私が見た「よい報告・悪い報告」

効果的ではない「悪い報告」の例

◉報告を先延ばしにするケース

ある会社に鈴木さんという若い社員がいたとします。

あるとき、その鈴木さんに上司がちょっとした仕事を頼みました。

数日たっても報告がないので、気になって聞いてみました。

「鈴木さん、あの件はどうなっているの？」

「あれは、先方からの返事待ちですが、たぶんダメだと思います」

「だったらそう報告してくれないと」

「明日はっきりした返事をもらうことになっているので、それが来たら報告しようと思っていたのです」

鈴木さんは、そう言いわけしました。

こういうことは、どんな職場でもごく普通に起こっているのではないかと思います。鈴木さんは決して仕事のできない人ではありませんし、報告を怠るような不真面目な社員でもありません。

では上司がせっかちすぎるのでしょうか。まあ、あまりよくない報告はしたくないのでしょうが、仕事を頼んで二〜三日後なのですから、せっかちということはないでしょう。

この例から言えることは、報告はタイミングが大事ということです。部下は報告をできるだけ先にしたいと考え、上司はできるだけ早く報告してほしいと思っていることが、この例には端的に表れています。

報告をする側であれば、報告を待っている人の心理を配慮し、**中間報告でもよいので、早めに報告**するようにします。

◉単なる事後報告のみになるケース

あるスーパーの経営者から聞いた話です。

このスーパーは、店舗数が一八、従業員一五〇人あまり、地域密着型のスーパーです。

その社長さんが、私にこぼしました。

「各店の店長から毎日日報が送られてくるのですが、これを見てくださいよ」

見るとそこには『本日付けで、パートタイマーの○○と□□が辞職』とだけ書いてありました。理由も、それに対する措置についても、いっさい触れていませんでした。

「これって問題だと思いませんか」

「問題ですね。報・連・相ができていませんよ」

「そうなんですよ。辞めるのは仕方がないとしても、辞めたいと言っているとか、働きにくいようだとか、職場の雰囲気を報告してほしいのに、それをしない。なぜそうなったのか、辞めさせないためにこれからどうするのか、全然わかりません。そういう職場にしている責任を問われるのが嫌なのでしょうかね」

「パートさんが辞めたというのは、すべて事後報告です。事後報告では、問題は何も解決しません。何が問題かも、報告されるほうはわかりませんね」

仕事を任されるようになると、ある程度は自分で取り仕切れるようになります。にもかかわらず毎日日報を送るのは、報・連・相をよくやっていると言えるかもしれません。ただ、そうなると上司の期待もより大きくなって、問題が起きたときは解決に向けた行動提案も求められます。ただ事実の羅列だけを報告していたのでは、上司を満足させることはできません。

この例のように、事実を日報に記して終わりというのでは、よい報告とは言えません。この社長が望むように、なぜ人が定着しないのか、職場をどう改善したらいいのか、そのために必要なことは何か、**提案するような報告**をしなければなりません。

◉言いわけばかりの報告のケース

ある中堅企業の中間管理職の事例です。

彼の部下が、席に来て、

「ちょっと困ったことが起きまして……」

と切り出したそうです。部下が言いにくそうだったので、彼はやさしく微笑み、

「そう、困ったことって何？」

と言いました。すると部下は、お得意さんとの連絡のトラブルで納期が過ぎてしまったと報告したそうです。これだけならよくある話です。

「先方に謝って、すぐに納品したほうがいいね」

と言ったところ、特注品なのでまだ手配ができていないと言うのです。

「それはまずいね。どうして早く手配しておかなかったの」

「手配はしておきました。工場が忙しくて、動いてくれないんですよ」

「とにかく納期の指定ミスだったと謝って、急いでやってもらうほかないね」

「納期の変更はお客さんの都合でした。私が工場に謝る筋合いのものではないのではないでしょうか」

それを聞いて彼はつい声を荒げました。

「何を言っているんだよ。ふんぞり返っていて仕事ができるはずないだろ。トラブルを解決するのも仕事のうちだよ」

彼の部下は、報告を罪の懺悔《ざんげ》か犯罪の自白のように思っていたのかもしれません。そのため、トラブルにいたる過程も言いわけばかりで、解決に向けての前向きな姿勢が感じられません。

これでは、報・連・相も機能しません。この場合は、事前に自分なりの解決策を準備しておいてから相談すべきでしょう。

対応や行動をとりやすい「よい報告」の例

◉タイミングのよい報告のケース

それに対し、こんな事例もあります。

やはり、納期をめぐるトラブルで、たまたま外出先から帰ったら、部下が飛んで来たということです。

「部長、G社への納入が遅れています。昨日の予定が今朝になっても入っていないのはどういうわけだと、先方から問い合わせが」

「運送会社には連絡したの？」

「すでにしました。荷物は倉庫には到着しているそうですが、車が出払っていて、すぐには運べないそうです」

「うちから応援を出せるかな」

「どの部署から出しましょう。部長のご判断を仰ごうとお待ちしていました」

「営業と総務だな。専務には私が話す。人と車の手配をしたら、すぐにG社に謝りに行こう。出かける準備をしておいてくれ」

このようなやりとりがあったのでしょう。ほぼ全社をあげての対応で、さして大きなトラブルにならなくてすんだということでした。

これなどは、部下があらかじめできるだけの手を打って部長の帰りを待っていたという、プロセスが光っている例でしょう。

上司は、**外出先から帰ってすぐという状況で報告を受けて**います。いわばエンジンがまだかかったままのアイドリング状態です。対応して走り出せる絶妙のタイミングです。

こういうお膳立てで報・連・相が行われれば、上司も受けやすいでしょう。また、部下も責任問題を後回しにして、当面の事態打開に集中できます。

◉言葉が適切で私見を交えない報告のケース

皆さんも時々、会議の主催をすることがありますね。

ある会社の定例会議でメンバーが半分しか集まらないことがありました。

そのときの主催者（仮に高橋さんとしましょう）は、それを上司の部長に報告しました。

「皆さん忙しい人ばかりで、集まりが悪かったようです」

部長はこの報告が気に入らず、

「先月は出席率がよかったじゃないか。先月のメンバーは暇だったのか」

と揚げ足を取るような質問を返してきました。

高橋さんは出席率が悪かったという事実に〝忙しい人ばかり〟という憶測の情報を加えて責任を回避しようとしたことに気がつきました。

「不適切な報告でした。今回にかぎりなぜ出席率が悪かったか、その理由を調べて改めてご報告します」

と約束しました。欠席者に理由を聞いてみると、その日は別の会議があり、重なった人は出られなかったのだとわかりました。

「次回は、ほかの会議と重ならないよう調整して日時を決めます」

部長に報告した後に、高橋さんはそのひと言をつけ加えました。

報告とは、命令や指示があった場合、その結果を命令した人に知らせる行為ですが、その**表現は的確でなければ**なりません。

的確ということは、事実をありのまま言うことです。あまり私見を交えてはいけません。私見を交えるということは、自分の意見を言うことであり、主観的な表現をするということです。

「徳川家康は、歴代将軍の中でも天下統一を果たした最も偉大な将軍です」という報告には私見が入っていますが、「徳川家康は、天下を統一した徳川家初代の将軍です」には私見は含まれていません。

つまり、前者には〝最も偉大な〟という主観が入っているのに対して、後者には〝初代の将軍〟という客観的事実しか述べられていないのです。

的確な報告とは、そうした私見を交えない報告です。

2 「報告」の持つ本当の意味を知ろう

報告とは上司を知る観察のフィールドである

◉報告を通じて上司の性格を観察できる

ある中堅ビジネスマンの話です。その人は、転勤や配置換えで何人かの上司と一緒に仕事をしました。新しく異動してきた上司の性格は、二〜三度業務報告をするとわかると言います。

部下の報告の仕方もいろいろですが、上司の報告の受け方もいろいろです。熱心に聴いてくれる上司もあるかと思えば、結論だけを言わせて経過は報告書にして出せ、という上司もいます。

報・連・相に対する考え方の違いもあるでしょうが、性格の違いがおもしろいほどよく出るものです。

ですから、報告するほうも、ただ義務的に報告するのではなく、上司の人間性を探りながら、観察しながらコミュニケーションをとるといいでしょう。新しい発見があるかもしれません。

その中堅ビジネスマンも、報告で上司を見直したことがありました。

彼はある課長に対し、何度か報告をする中で、その人を慎重で保守的なタイプと読みました。ですから業務改善提案などは、なかなか受け付けないだろうと思っていました。そこで、書類検索に関する業務改善提案をするのに分厚い資料を用意しました。その資料も前もって渡し、目を通したころを見計らって報告に行きました。

「この資料にあるように、データベース化によって書類の検索がしやすくなり、業務改善につながりますが、いかがでしょう」

課長は予想したとおり反論しました。

「データベースもいいが、費用がかかるだろう。ほかにも方法があるんじゃないか」

「長い目で見れば、データベース化するのがいちばんです。いまかかる費用は、約一年で取り戻せます」

想定していた質問に、用意した回答をぶつけます。

「いちばんかどうかは、比較するものがないからわからないじゃないか」
「比較するものは現状です。現状と比較すれば、データベースがいかに効率的かわかるはずです」
「そうじゃなくて、比較できる案を出せと言っているんだ。ほかの人の意見も聞いて、対案を練ってくれ」

彼は、課長の頑迷さに内心腹を立てながらその場は引き下がりました。

よくあることですね。

◉上司は対案を持った報告を待っている

一時は、「課長には、何を言っても通らないだろう。課長はしょせん保守的で、改革には反対なのだ」と、あきらめたこともありました。

しかし、そういう思い込みを持って臨むと思考が曇ると思い直し、再考することにしました。

言われたとおり、ほかの人の意見も聞いてみました。書類の検索で最も問題になっていることは何か調べました。

その結果、ファイルの中身がわからないというのが最大の悩みだということがわかりました。それならファイリングシステムに手を加えればいいと考えました。その結果、背表紙の見出しのつけ方にいくつかのルールを設けることにしました。

これを対案として提示したところ、課長は大きくうなずきました。

「いい提案だ。こういう報告を待っていたんだ。ところできみはどちらの案を推すのかね」

課長に質問されることを予想して、彼は自分の中で出していた結論を述べました。

「データベース化は魅力がありますが、時間もお金もかかります。ファイリングならその点の心配がありません。しかも、職場全体の協力が必要なので、職場の一体感がはかれます。社員の意識改革が必要になりますが、それも業務改善ですから、ファイリング案を推します」

課長の答えは意外でした。

「データベースはいずれ必要になるだろう。いまから準備だけは進めておこう。私も粘り強く上を説得するよ。ただ、いますぐやるのはファイリングだ。これで業務改善を推進しよう」

保守的だと思っていた課長の改革に向ける確かな目を、彼は感じました。

報・連・相では、上司の疑問に答えなくてはいけません。上司の求めている報告を斟酌

【上司が報告に求める目的は？】

①あなたの行動を把握したいのか
②あなたの考え方を知りたいのか
③報告事項の問題点を検討したいのか
④問題解決の方法を模索したいのか

↓

上司の言葉から、何を求めているかを探って的確な報告を

して、その要望に応えられるような報告を心がけましょう。

◉上司に合わせた報告の仕方がある

すでに述べたように、報告にはその上司に合わせたやり方があります。

慎重な上司に、ひとつの案だけで説得しようとしてもうまくいきません。その反対に、スピードを重視する上司に、いくつもの案を長々と説明していては怒鳴られるのがオチです。

文書での報告を重視する上司もいれば、口頭での報告を求める上司もいます。

報告するほうはなかなか大変ですが、そのつど報告の仕方を変えていかなければなりません。マニュアルどおりにひとつの報告パターンですませることは、得策ではありません。上司も十人十色です。

そのために、上司の性格を読み、上司がどんな報告を待っているのか推測し、それに合わせる工夫をすることが大切です。

では、どのような工夫をすればよいのでしょうか。

上司があなたの報告により何を得ようとしているか、上司の目的を探ることです。

①あなたの行動を把握したいのか
②あなたの考え方を知りたいのか
③報告事項の問題点を検討したいのか
④問題解決の方法を模索したいのか

上司が求める目的は、報告を求める上司の言葉に表れています。

その目的に合わせた報告をすればよいわけです。

ポイント

「相手のほしい情報」は何かを知って報告すべし

報告とは上司と交流する社交の舞台である

◉上司の関心のあるところから報告

報告は上司との社交の場である、と書きましたが、これは報・連・相がコミュニケーションであることと同義です。極論すれば、人間的なつながりの深さによって報告内容まで違ってくるということです。

たとえば、複数の事柄を報告しなければならないとき、あなたはどのように優先順位をつけますか。

「仕事の重要性だ」と思うでしょう。

たしかに急を要する連絡や、早くしたほうがよい相談があることも事実です。しかし、それらは問題が起きてしまってからする報・連・相です。いわば火事を知らせる一一九番通報のようなもので、ほんとうの緊急事態です。

それよりも重要な報・連・相は、問題が起こる前に、それを未然に防ぐためにする報・連・相でしょう。

上司に関心を持たせ、問題になりそうな芽を摘むために動いてくれそうな事柄、もしくはどう動けばいいのか指示を出してくれそうな事柄、上司の関心をひく事柄を先に報告します。

つまり、報告すべき優先順序は、「上司が関心を持ちそうなことから」というのが正解です。そのほうが確実に、上司の心に伝わります。

◉報告するときは質問されることを前提に

何度も書きますが、報告は上司とのコミュニケーションです。しかも向かい合ってのコミュニケーションですから、双方向です。自分だけがしゃべって終わり、ということはまずありません。上司は必ず質問するでしょう。質問でなければ、何らかの指示、あるいは命令がくだされます。

人間的なつながりがあれば、質問にも落ち着いて答えられるでしょうし、指示・命令にも納得して従えるはずです。

ところが上司との間がうまくいっていないと、どんな質問でも自分を困らせるための意地悪な質問に聞こえ、反発する結果になります。

そんなことにならないように、普段から上司との交流を積極的に深めて、いい関係をつくっておくことが大切です。

前述したように、「人はその人に会えば会うほど、その人を好きに」なります。とくに報告する機会を多くして、上司に好かれる報告を実践して関心をつなぎとめます。

上司に好かれる報告のポイントは、上司の質問に対し、いかに上司の気に入るような答えができるか、その一点です。上司に気に入られるような答えなんてできない、と思うでしょうが、むずかしいことではありません。上司が何を期待しているのか、それさえ読めばいいのです。

わかりやすく言えば、上司の言うこと、指示にさからうな、ということです。常に、「なるほど、そうですね」というように肯定します。

◉絶対に議論をするな

上司に気に入られる答えが、必ずしもあなたと同じ意見とはかぎりません。上司も感情の生き物ですから、自分と同じ意見を述べる部下を評価するものです。

そういう上司に気に入られるために、極端な意見をぶつけ、論戦するのは危険です。部下にやりこめられて嬉しく思う上司はいません。

「課長はそうおっしゃいますけど、僕はこうしたいんです」

と、たとえばこのように、自分のわがままを押し通そうとする人もいますが、やめたほうが得策です。

「何を言っているんだ、きみは。いいかね、お客さんというものはまず否定するものなんだ。きみのように、最初から強引に売り込みをかけたら、はね返されるに決まっている。裏から、横から根回しをして、外堀を埋めてから攻めるんだ」

上司は、こんな反論をしてたしなめるでしょう。そうなったら、あなたは自説を引っ込め、説得された形を装います。

「なるほど、たしかに課長の言われるとおり、お客さんはまず否定しますね。そうか、正面攻撃はだめか。さすがは課長、読みが深いですね。ここは課長のおっしゃるようにやってみます」

といった対応をすれば、上司はあなたを説得したことで面目をほどこせます。指示も出せたので満足します。あなたに対する評価も、〝ときどきわがままを言うけど、話せばわかるなかなかかわいげのあるヤツだ〟ということになります。

このように、上司とは絶対に論戦を避けたほうがよいでしょう。

ポイント

報告はまず上司が関心を持ちそうなことから

報告とは自分を売り込むセールスの場である

◉自分の実績はすべて上司のおかげとして報告する

ある課長が外出先から戻ると、部下が席にやってきました。

「例のプロジェクトの件ですが、課長がご不在のときに部長が来られ、いまA社の部長さんが来社されているので、話を聞いてくれという指示がありました」

「えっ、先方から出向いてくれたのか」

「はい、私もチャンスだと思い、部長のご指示でもあり、課長の代理としてA社の部長さんとお会いしました」

「それでどうした」

「こちらの要望と条件を話し、好感触の回答をいただきました。結論は持ち帰って検討した後、ということですが、こちらとしても、課長が同席されないところで話を進めるのもちょっと気がひけたんですが、結果的には、以前からの課長の根回しのおかげでかなり乗り気になっているようです。先方もくれぐれも課長によろしく、とのことでした」

「そうか、それは一歩前進だな」

課長は、自分の頭越しに進んだ話にもかかわらず、不快な顔を見せませんでした。

部下にしてみれば、課長の代理をつとめただけであり、上司の指示に従ったにすぎません。それでも、大きな成果が得られたことで、その報告の仕方を上手にやれば、評価されます。

〝ここまできたのは課長のおかげ〟と、ひと言付け加えるだけで、課長は喜びます。

成果がない場合でも、報告をチャンスととらえ、**「課長のおかげ方式」**で積極的に自分を売り込んでいきましょう。

ポイント
「課長のおかげ方式」で上手に売り込む

報告はすべてが中間報告であり、次に続くものである

◉中間報告を重視せよ

一般的には、報告は仕事は終わったときに行うものです。

しかし、報告すればそれで終わりというわけではありません。ほんとうの仕事は、報告したところから始まることが多いのです。

たとえばあなたが「札幌に出張してくれ」と上司に言われ、札幌に行ったとします。札幌に着いたとき、「到着しました」と報告すれば、それで仕事は終わり、などとはあなたも思っていないでしょうし、そんなはずはありません。

「それでは道庁へ行って、酪農振興課長に会ったら、これとこれについて話を聞いてきてください」と次なる指示を受けるか、自分で行動計画を立てて、出張した目的をとげようとするはずです。

報告するということは、その後に必ず、さらに先の目的に向けて「次はこうします」という報告につながる、クサリ状のものなのです。いわば、報告というものはすべて中間報告であるということができます。

質の高い仕事とは本来そういうもので、「報告して終わり」ということはありません。

◉中間報告で仕事の段取りを調整する

とくに、状況が変わったときや、その仕事がヤマを越えたとき、あるいは逆に長引きそうなときなどは、中間報告が欠かせません。

子どもの使いではないですが、「この道をまっすぐに行って、信号のところで右に曲がるのよ」と指示され、道に障害物があったらどうしていいかわからなくなるようでは困ります。

そういうときは、何らかの対策を立てて、障害物があることを報告し、指示を仰ぐことが必要です。

つまり仕事の段取りを変えるのです。目的がしっかり意識されていれば、達成させるために方法を変えることも可能です。

たとえば回り道をしてもいいでしょう。あるいは、多少のケガを覚悟して、障害を乗り越えて行くべきかもしれません。また、上司に報告すれば、「時間をかけてでも障害物を取り除いて予定の道を進むのが得策」と判断するかもしれません。

中間報告をすれば、ひとりで迷うことも少なくなります。

◉報告が次の仕事に続くように

私は、セミナーなどで会社を空けることが多いので、途中で必ず連絡を入れます。講演中は携帯も切っているので、連絡は入りにくいのです。

あるとき、セミナーが終わって会社へ戻ろうとしていると、事務局のUさんから携帯に電話がありました。

「午後三時二〇分に、A社のO部長から電話がありました」

という報告でした。A社とは契約できそうなところまでいっていて、もう一押しという状況でしたから、それを知っているUさんが、セミナーが終わるころを見計らって電話をくれたのでした。

私は、O部長に電話を入れ、帰路の道を変えてA社を訪問しました。おかげで契約はまとまりました。

秘書のUさんとは、なるべく情報を共有し、私の仕事の状況をすべて伝えるようにしています。ですから、だれがいまの私にとって重要な人物であるか、Uさんはきちんと認識しています。

こうした情報の共有が的確な報告を生み、的確な報告が次の仕事を生んだのです。

報告が、それ自体で完結するものでなく、次の仕事につながっていくことの好例ではないでしょうか。報告とは、こうありたいものです。

ポイント

報告は次の仕事に続くクサリ状のもの

3 報告する場合の話し方の技術

ポイントを押さえて話す「PREP法」

◉結論を先に言う

新入社員の田中君は、多忙な鈴木課長への報告がうまくできません。

「きみが一生懸命なのはわかったから、結論を言え」

と言われてしまいます。田中君としては、いましゃべっていることが結論だと思っているので、ちょっと心外です。そこで、先輩の佐藤さんに相談しました。

経過と心情をくわしく説明する田中君に、佐藤さんは言いました。

「きみの気持ちはわかったから、何を相談したいのか結論を言ってくれ」

田中君は頭を抱えてしまいました。

「その言葉を聞かないようにするのに、どうしたらいいか、教えてほしいのです」

憮然とする田中君に佐藤さんは笑って言いました。

「きみが結論だと思っていることは、具体例にすぎないよ。具体例はいくら力説しても結論にはならないんだ。具体例から導き出されるポイントがあるはずだから、それを整理しなければいけないね。言いたいことのポイントをきちんと整理しておけば、**PREP法**で話すことができるから、報・連・相もうまくいくはずだよ」

「プレップ（PREP）法？」

田中君は、はじめて聞く名前に興味をひかれました。

◉報告の話法PREP法とはこんな技術だ

PREP法とは、

①POINT（ポイント）
②REASON（理由）
③EXAMPLE（具体例）
④POINT（ポイント）

の順番でまとめる方法です。

報・連・相はもちろん、プレゼンテーションやスピーチでも使える話し方のひとつです。

【PREP法による話し方】

① POINT （ポイント）
② REASON （理由）
③ EXAMPLE （具体例）
④ POINT （ポイント）
の順番でまとめる方法

↓

言いたいことを最初と最後に強調できるので目的がはっきりする

まず①のPでは、自分の言いたいこと、報告すべき「ポイント」を端的に述べます。これは、ある意味では結論です。先に結論を述べ、自分の立場を明らかにしておくのです。

【P】〈きょう、ご報告したいことは、シートベルト着用キャンペーンについてです〉

続いて②のRで、「理由」を述べます。なぜ最初に言ったポイントを導き出したのか、あるいは問題にしているか、その背景を説明します。

【R】〈と申しますのは、最近シートベルトの着用率が下がってきたのです。これが習慣化されると、重大な事故に発展しかねません〉

さらに③のEで、「具体的な例」をあげます。実際の例や事実を告げることで、問題点がより鮮明に浮かび上がってきます。

【E】〈当社では、車を運転する際のシートベルト着用を義務づけていますが、アンケートによると構内の移動などでは八五％の人が着用していません。一般道路でも、短い距離を動かすだけのときなどはつけない、という回答がほとんどです〉

そして最後のPで、自分の言いたいことを「繰り返し強調」します。そうすることによって、この報告の目的をはっきりさせるのです。

【P】〈重大事故を起こす前に、車両管理課として「シートベルト着用キャンペーン」を張るべきだと思います〉

この流れで報・連・相をすると、内容がすっきり整理され、問題点（話し手の強調したい点）は鮮明になり、忙しい上司を説得するにも、たいした時間はかかりません。

この方法ではポイントを先に言うため、もう「結論を言え」とは言われなくなります。

ポイント

ポイントを二回述べて強調できる「PREP法」

じっくり伝える「SDS法」

◉時間があるときはSDS法で

PREP法がスピーディな説得法だとするならば、**SDS法**はじっくり説得するときに有効な話法といえます。

SDS法とは、

①**SUMMARY（全体）**
②**DETAILS（詳細）**
③**SUMMARY（全体）**

の順番でまとめる方法です。

プレゼンテーションや研修の講師を任されたときなどに、効果を発揮する方法です。

この手法にはわかりやすい例があります。テレビのニュースショーです。はじめにパネルなどでその日のニュース項目を紹介します。これが【S】です。

そして詳しく伝えるニュース本体が【D】になります。

最後にまとめとして、もう一度パネルで「本日のニュース」を繰り返し見せる、というあのやり方です。

【SDS法による話し方】

① SUMMARY　（全体）
② DETAILS　（詳細）
③ SUMMARY　（全体）
の順番でまとめる方法

↓

じっくりと、同じことを三度も言える
フォーマルな話法

◉同じことを三度も言うことが可能

この方法は、もちろん報・連・相にも使えます。

まず①のSUMMARYですが、ここでは話す内容を「要約し、全体の構成」を示します。ポイントを絞り込んで、多くても三つくらいの項目を抽出します。

【S】〈これから新システム導入についてお話しします。ポイントは三つあります。一つ目はどういうシステムを導入しようとしているか、という点。二つ目はどこの会社のシステムを選ぶか、という点。三つ目はそれにかかる費用の点についてです〉

続いて②のDETAILSでは、それぞれのポイントについて「詳しいデータ、検討課題」

などについて、具体例を交えながら説明します。当然、この部分が時間的には最も長くなります。

【D】〈まず、当社のシステム上の問題点についてでありますが、各部署からあがってきた意見を集約しますと、当初このシステムを導入したころの処理量に比べ、現在は約三倍に増加しております。現システムでは対応しきれない、というのが最大の問題です。また……。

次にどのソリューション・システムを選ぶかという点ですが、量的な問題を解決すればいいならA社が最適です。質の問題になりますと……。

さらに費用の件につきましては、A・B・C三社の見積もり額を一覧表にしてありますので、ご覧ください……〉

最後に【S】として、これまで述べてきたことを「結論づけ」て、主張したいことを具体的に言います。

【S】〈ということで、三社の提案をご説明いたしましたが、現在の業務の非効率性を見ても、新システムの導入は喫緊の対応と思われます。

そして導入するなら、操作性に優れて、価格も低廉なC社のシステムを導入することが、当社にとって最も賢明な選択と思われます。それにかかる費用は○○です。どうか、C社

のソリューション・システムを導入する方向でご検討ください〉

このSDS法は、軽快感はありませんが、そのかわり説得力は抜群です。なぜなら、この話法は、同じことを、形を変えて三度も言うことができるからです。

時間があって、じっくり報告したいときに効果を発揮する話し方の技術です。

スピーディなPREP法とフォーマルなSDS法、どちらもマスターしてほしい話法です。

ポイント

「SDS法」は説得力バツグン

4 会議での報告では大人数ゆえのルールがある

出席者の役割を知り、相手を尊重すべし

◉会議での自分の役割を理解する

会議というのも一種の報・連・相です。

とくに、自分が担当している仕事の報告をする役目が回ってきたなら、報・連・相のスキルを上司や同僚に示す絶好の機会です。大いに腕をふるってください。

腕をふるえと言われても、会議発言は結構むずかしいものです。周りに偉い人がたくさんいる場合はとても緊張します。

言いたいことがたくさんあっても、うまくまとまりません。自分が下っ端の場合、どうせ言っても無駄だ、という意識もあります。

そこでカッコよく発言するには、いくつかの大事なポイントがあります。

そうです、会議にはそれを召集・主催する人だけでなく、出席者一人ひとりの事前の準備が必要なのです。

たとえ重要な役割を与えられていなくても、①会議の目的を理解しておく、②会議の資料には目を通しておく、③自分の意見をまとめておく、くらいの準備はしておきましょう。

◉相手の立場から考える努力をしよう

もうひとつ、会議で大事なことは〝相手の立場を尊重する〟ことです。

議論になったときに、相手が話し終わっていないのに、割り込んで発言する非礼や、感情的になって相手をののしる無礼は、厳に慎まなければなりません。

そんなマナー違反は意外に偉い人に多いので困ったものです。人が話しているのに資料を読んでいたり、代案を出しもしないで、反対意見ばかり言ったりする行為も、相手を尊重している態度とは言えません。

ポイントとしては、まず、すべての出席者の発言を傾聴します。

次に、その人がどういう根拠から言っているのか、相手の立場に立って考える努力をしてください。

そういう聴き方は会議全体の理解を深め、あなたが発言する番になったとき、的確で内容のある発言につながります。

ところで、下手な人がうまく発言する方法が一つあります。

それは、前の発言者の言葉に賛同の意を表し、そのまま自分の言葉で繰り返すことです。

そして、次に自分の意見を付け加えます。

ポイント

的確な発言・報告は出席者の立場を理解することから

報告と意見の混同を避ける

◉報告は事実を中心に述べる

会議では報告を求められることがよくあります。

そのとき大切なことが、前にも触れましたが〝報告は事実と意見を分けて述べる〟です。

しかし、これが意外とできていないことが多いのです。

ビジネスの世界には、根拠があやふやだったり、憶測や予断が含まれていたり、途中経過を飛ばして飛躍した報告をしたり、といいかげんな報告がまだまだはびこっています。

これは、報告の基本である「**5W1H**」ができていないのが原因です。

5W1Hとは、ご承知のように「いつ（When）」「どこで（Where）」「だれが（Who）」「何を（What）」「なぜ（Why）」の5Wに「どのようにして（How）」の1Hを加えた話の基本要素です。

この5W1Hをきちんと踏まえて話そうとすれば、結果的に事実のみを伝える報告になるものです。

つまり、「売上がかなり落ち込んでいます」と言うかわりに「先月（いつ）、東海地区での（どこで）A商品の（だれの）売上が（何が）、前月と比べ五％落ちました（どうした）」という報告が事実のみを伝える報告といえます。

原因がはっきりしていれば、〝なぜ〟を加えることもできますが、それが憶測である場合は、控えなければなりません。

◉意見はことわってから述べる

こういう報告に対して、出席者から「どうして好調だったはずの東海地区で売上が落ちたのですか？　何か思い当たる原因はありますか？」といった質問が出されたとします。

その場合なら、あなたは自分の考えとして、

「先月には、台風が東海地区に上陸したので、その影響だろうと思われます。台風が上陸した前後三日間の出荷量が三割ほど減少していますから、悪天候時の物流体制に問題があるのではないかと考えられます」

といった意見を述べることができます。

事実はだれも否定できませんが、意見には否定も反論もできます。

報告事項に意見や憶測が混じると、報告そのものが批判されたり、反論されたりすることも起こります。

事実と意見をはっきり区別し、事実だけを報告し、意見は「これは私の考えですが」とことわって述べるようにすればよいでしょう。

ポイント

事実と意見とは、はっきり分けて報告する

自分の意見をきちんと主張する報告の技術

◉アサーティブな態度で臨もう

非公式の話し合いや、ブレーンストーミングのように、会議の運営や決議の方法がとくに定められていない会議は数多くあります。ビジネスシーンではむしろ、単なる意見の交換のみで、とくに決定をする必要のない会議もあります。

決議をする会議では、意見の対立や論争がよく起こります。いろいろな意見を出し合って、検討を加えていくからです。それゆえ、意見対立の起こらない会議は活発な会議とは言えません。

あなたも当然、「きみの意見はどうなんだ」と意見を求められるでしょう。そういうとき、どのように発言したらいいか。実は、発言するときの態度がとても大切です。そこで、会議でとるべき態度を考えてみましょう。

結論から言えば、〝アサーティブな態度〟に徹することです。

アサーティブな態度とは、

「他の人の権利を侵さないかぎりで、自分の権利のために筋を通す姿勢」

を言います。

自分の考えを率直に表現し、同時に相手の立場への理解を示す態度です。この態度をとって自分の意見を主張するのです。変に攻撃的であったり、服従的になってはいけません。また、会議に参加する以上、自分の意見を持って臨むことは義務であり、意見があればそれを堂々と開陳するのが「できる人」に見られるポイントです。

自分の立場を明らかにするということですが、〝堂々と主張する〟というのが、なかなかできません。

実際は、何を言うか、ということはもとより、どのように言うかのほうが大切なことでもあります。年輩者やボス的な上司の前でも力強く発言する必要があります。

◉相手が攻撃的なときは

会議の出席者の中には攻撃的な人もいれば、高圧的な態度の上司がいないともかぎりません。そういう人と論戦を戦わせるのは、なかなか困難なことであります。アサーティブな態度を貫けば、渡り合うことができます。

攻撃的な人への対処法で最も大切なことは、まず相手の言うことをよく聴くことです。間違っても相手の発言を途中でさえぎったり、卑屈な態度をとったりしてはいけません。常に冷静で、沈着に対応せねばなりません。

◉「DESC話法」を身につけよう

発言の仕方としては、DESC法を応用するのがいいでしょう。

DESC法とは、

・Describe（状況・事実の描写）
・Express（意見）
・Suggest（提案する）
・Consequence（結論の提示）

の順に展開する話し方で、事実や現状をもとに冷静に自分の意見を主張します。

たとえば、あなたの提案に対し会議の出席者から、

「そんなやり方では、どうしたって専任の担当者が要るじゃないか。いまのわが社の状況から、そんなことに人を割けないことぐらいわかっているだろう」

と、激しい攻撃があったとします。

そのときあなたは、相手の言うことをまず冷静に「事実として肯定」します。

①「そうですね。この方法では、たしかにご指摘のとおり担当する専任者が必要になります。その経費を試算してみましたので、ご覧ください」（Describe）と資料を示しながら意見を述べます。

【DESC法による話し方】

① **D**ESCRIBE　（状況・事実の描写）
② **E**XPRESS　（意見）
③ **S**UGGEST　（提案する）
④ **C**ONSEQUENCE　（結論の提示）
の順番でまとめる方法

↓

DESC法

事実をもとに冷静に意見を主張できる

②「私の試算では、この方法だと売上が一〇％増大します。専任者を新たに採用した場合の経費増は四％ですから、六％の売上増が見込めます」（Ｅｘｐｒｅｓｓ）

続いて提案をします。

③「そこで提案なのですが、このさい新たに一名採用して、この仕事にあたらせてみてはどうかと考えますが、いかがでしょう。費用は経費増でまかなえます」（Ｓｕｇｇｅｓｔ）

最後にその提案を実行すればどうなるかを提示します。

④「担当者を増員すれば、この方法を実行することが可能となり、売上の増大がはかれるのですから、会社のためになると思います」（Ｃｏｎｓｅｑｕｅｎｃｅ）

結果はあくまで肯定的に示すことが大切で

す。相手を否定する話し方をすると、もっと激しく攻撃されてしまいます。できれば相手のメリットにもなることを示したいものです。

この話法で話せば、相手も納得してあなたの意見に賛成してくれるでしょう。

◉目的意識を持って協調性を発揮しよう

会議には、必ず目的があります。企画のためのアイディアを出し合う会議もあれば、経営方針を決定するための会議もあります。さらに、そこで決まったことを知らせる会議もあります。そのため、会議に出席する人はそれぞれその目的を認識して会議に臨まなくてはなりません。

たとえ聞いていればいいだけの会議であっても、目的意識を持たずに出席したなら、たちまち眠気が襲ってきて、むだな時間を使うことになってしまいます。会議に臨む前にしっかりと目的を確認しておかなければなりません。

ポイント 意見を述べるときは「アサーティブな態度」で！

5 プレゼンテーションの技術を報告に活かせ！

理由と目的をはっきりさせる

◉プレゼンテーションには目的がある

最近、プレゼンテーションという言葉をよく聞きます。プレゼンテーションとは何でしょうか。

プレゼンテーション（以下プレゼン）とは、「少人数のグループに対して、限られた時間内で一定のテーマについて説明し、説明者の望むとおりの行動をとるように相手を動かすこと」です。報告も、相手に何かしてもらいたいからする、という面があります。たとえば、

〝報告して、次の指示をしてほしい〟

〝報告したことをさらにその上に上げて、了解をとってほしい〟

〝報告することで、それを関係部署に報せてほしい〟

〝報告したのだから、安心してほしい〟

などです。


つまり相手を動かすという点では、共通しています。

私がプレゼンを「報告」と考えるのは、その点です。

実は私は、プレゼン技術をビジネスマンに教える専門家です。説得のためだけでなく、報告のためのプレゼン技術も教えています。そのうちの重要なスキルをいくつか紹介しましょう。

◉プレゼンテーションの目的は？

まず、プレゼンの目的ですが、三つあります。
①聞く人に有意義な内容だったと思わせる
②プレゼンする人の人柄を売り込む
③提案内容を前向きに検討させ、賛同を得る
聞いた人を満足させるような明確な説明ができれば、そのプレゼンは成功だと言えます。

プレゼンの構成は、〝何を話すか〟ではなく、〝なぜこのプレゼンを行うか〟を考えるこ

とから始めます。どんな結果を得たいのか、なぜそれを望むのか、目的と理由をはっきりさせます。

次に、聞き手の分析をします。どんな人を相手に話すかを知らないと、戦略も立てられません。

聞き手の分析ができたら、プログラムをまとめます。全体の中心部分となる骨組みをつくって、全体像を把握します。それから、流れに沿って肉付けをしていくという作業をします。

構成の方法は、前述したSDS法かPREP法を用います。とくに導入部分とまとめの部分は、インパクトのある表現を心がけます。

導入部分が重要なことは言うまでもありません。初対面の人と会うときでも、第一印象は大切で、説得力と大きな関係があります。

第一印象で敵意を持たれたら、言うことはまったく聞いてもらえません。反対に好意を持たれたら、説明すれば一応聞いてもらえます。もちろん報告でも同じことです。

ポイント

導入部とまとめに力を入れる

プレゼンテーションではここまで準備せよ

◉話す相手（出席者）の分析も大事

プレゼンは本番が最も大切ですが、成功するためには準備が大切です。準備、つまりリハーサルをおろそかにすると、本番でしどろもどろになったり、鋭い質問に立ち往生したり、小さなトラブルにも対応できなくなってしまいます。

そこで、万全の準備を心がけるのですが、その手はじめが出席者の分析です。

出席者分析シートをつくり、人数、年齢層、性別、役職や立場・肩書き、決定権の有無、出席者の求めているもの、関心のあるもの、などを書き込んでいきます。

もちろん、全員が同じ階層に属する人たちでない場合も多いので、中心とするターゲットを絞り込むことも必要です。

そして聞く人の立場になって、何が聞きたいのか、事前に理解するようにつとめます。

そうすれば、メインターゲットを説得するのに何が有効か、どんな話題や事例を示せばよいかが、だいたいわかってきます。

相手に合わせる、「報・連・相」の基本と同じことが、ここでも生きてくるのです。

◉レジュメ作成の方法

出席者の分析ができたら、レジュメをつくります。

レジュメのつくり方は、**「カード式ポイント抽出法」**がおすすめです。この方法には三つのステップがあって、段階を踏めばシナリオの作成までが簡単にできます。

①第一のステップはメインポイントの抽出です。

プレゼンの目的に合わせ、自分の主張したいことを思いつくままカードに書き出します。カードに書く内容は、一枚につき一項目です。

何枚ものカードができたら、類似した項目をまとめ、三つぐらいにグループ分けします。その三つにそれぞれタイトル（見出し）をつけると、それがメインポイントになります。

②第二のステップはサブポイントの抽出です。

サブポイントは、達成目標をバックアップするための補助的なポイントです。やはり思いつく語句をカードに書き込み、できたカード群をグループ分けします。できたグループは、先ほどの三つのメインポイントに組み込んでいきます。

これで、三つのメインポイントと、それにつながるサブポイントのグループ群が系列化されました。

③第三のステップでは、シナリオをつくります。

すでに、ポイントが言語化されていますので、それをつなげればいいのですが、気をつけるべきは、優先順位です。どのポイントを先に述べるかを判断すれば、それでシナリオは完成です。

重要な報告のさいは、ここまで細かくする必要があります。

ポイント 話すポイントは大きく三つに分けてまとめる

頭に残る「ビジュアル」によるプレゼン

◉視覚に訴えてプレゼンをする

たとえば旅行から帰ってきたとき、あなたの頭の中にはどんな思い出が残っているでしょうか。ホテルの部屋番号でしょうか、現地で見たきれいな景色でしょうか。たぶん後者だと思います。

数字や文字を認識するのは左脳の働きです。それに対して風景や図形は直感力や想像力と関係する右脳が認識します。左脳の記憶は短期的ですが右脳の記憶は長期間残ります。すなわち、ビジュアル化されたイメージは右脳を刺激します。すぐに覚えていつまでも忘れないという特徴があります。プレゼンや報告においても、資料をビジュアル化することが、イメージを焼きつけるという意味で、いかに効果的かということがわかります。

また、人間は多くの情報を目から取り入れています。人間の持つ五感のうち、視覚からは実に八三％もの情報が入ると言われています。

日本には「百聞は一見にしかず」ということわざがあるように、英語圏の国にもまったく同じ意味の"Seeing is believing."ということわざがあります。つまり目で見ることが納得するためのいちばんの近道なのです。

さらに、アメリカのミネソタ大学の調査によると、視覚物を使った説明は、使わなかった場合より四三％も説得度が高まるという結果が出ています。

プレゼンをするときは、必ず資料を視覚化する、これは鉄則です。

◉数字はグラフにせよ

視覚化するのが鉄則だということで、細かく分析した数値を表にしてスクリーンに映し出す人がいます。これは厳禁です。

左脳の領域である数字や文字は、羅列すると人間の頭になかなか入っていきません。こういう視覚化は、避けなければいけません。

一般に、視覚化するメリットは、

①視覚化すると結論を導きやすくなり、

②コンセンサスを得やすくなり、

③発表者に対する評価が高まり、

④聴衆に参加意識が芽生える、

という点にあります。

それゆえ、ビジュアルツール（視覚物）をつくるときは、聞き手が内容を理解できる範囲で、できるだけ少ない要素を盛り込むことが大切です。データや統計の数値は、最も伝えたいことを厳選してグラフ化します。これがビジュアル化ということであり、数値を並べて表にすることではありません。また、文章はできるだけイラスト化します。

ポイント

数値はグラフにするなど、パッと見てわかる工夫を

プレゼンテーションは内容よりテクニック

◉「伝える技術」で成果に差が出る

プレゼンは内容が大事だという人に、

「あなたと私が同じ内容、同じ資料でプレゼンしたら、どちらがうまくできるでしょうか」と聞いた場合、何と答えるでしょうか。

「もちろん箱田さんのほうがうまいに決まっていますよ。箱田さんはプロですから」と答えるでしょう。

ということは、内容がすべてではないということです。同じ内容を話すのであれば同じ成果を得られるはずですから。

では、プレゼンの決め手は何でしょうか？　それは「三つのP」です。

①Personality（人柄）
②Program（内容）
③Platform skills（伝え方）

内容については、すでにこれまで述べてきました。また、ここで言う人柄とは、いかに

【プレゼンテーションの決め手は三つの「P」】

① PERSONALITY （人柄）
② PROGRAM （内容）
③ PLATFORM SKILLS （伝え方）

それぞれ大事だが、伝え方によっても印象はかなり違う

相手に好かれるかということですから、第1章でかなりページを割いて説明したことにほかなりません。

ですから、残る問題は伝え方の技術だけです。その技術を身につけるには場数を踏むのがいちばんです。

伝え方の技術を知ったうえで場数を踏むしか上達の道はありません。人前に立ち、小さな成功に喜び成長する。それが一番です。

ですから、嫌だなと思っても、機会があるごとに自分から進んで人前に立つことです。小さな成功を重ねていくうちに、人前に立つのが怖くなくなります。それとともに伝え方のスキル、さらには報告のスキルもあがっていくはずです。

◉アイコンタクトは心を伝える技術

ひとつだけ、最も大切な伝え方の技術をあげるなら、それは「態度」です。

コミュニケーション学者メラビアンは、コミュニケーションにおいて相手に影響を与える最も大きなものは〝外見〟であり、次いで〝声〟、残る〝言葉・話の内容〟などは七％しか影響しないと言っています。

コミュニケーションとはいえ、見た目と声が九割以上を占めているということです。つまり、伝え方の技術も、見た目をいかによくするかにかかってきます。

そこで重要になってくるのがボディランゲージ、中でもアイコンタクトです。人の心は目に表れます。

だからこそ、プレゼンの最中はあらぬ方向を見るのではなく必ずだれかの目を見て話さなければいけません。全体ではなく、聴衆の中のだれか一人とアイコンタクトをとり、その人に向かって話しかけます。

その人がうなずいたら次の人とアイコンタクトをとります。そうして、一人ひとりと一対一で話していくのです。

報告も、下を向いて話していたのでは相手に伝わりません。しっかりと上司の目を見ながら話すようにしてください。

◉ＪＲで成功させよう

「ＪＲ」といっても鉄道会社のことではありません。**ＪＲとは準備とリハーサルの略**で、プレゼンを成功させるには欠かせない条件です。

いわゆる報告ではあまり必要ないかもしれませんが、とくにプレゼンにおいてはリハーサルは、繰り返し行うことをおすすめします。

たとえば、シナリオができたとき、そのシナリオを使ってリハーサルをしてみます。また、視覚資料ができたときも、その資料を使ってリハーサルします。

リハーサルでは、時間配分、声の大きさ、メリハリの強さ、視覚物の操作、目の動きなど、いくつか気になる項目を選び、聞き手にチェックしてもらうといいでしょう。

ぶっつけ本番では必ず失敗します。自信をつけて本番に臨むために、リハーサルは絶対必要です。

ＪＲがしっかりできていれば、一度やってみたことですから安心して臨むことができます。あなたもしっかり自信をつけて、チャレンジしてください。

ポイント
「目」も「体」も使えば伝わるプレゼンや報告ができる！

第3章

確実な「連絡のスキル」は仕事を変える

1

私が見た「よい連絡・悪い連絡」

仕事がとどこおる「悪い連絡」の例

◉「言った」「言わない」の水かけ論になるケース

私は首都圏以外でもセミナーを行いますが、地方都市でのセミナーでは、アシスタントや受付をしていただく方を一、二名手配くださるよう、主催者にお願いすることもあります。

その連絡を、私はあらかじめ東京のオフィスから相手の会社にしてもらっています。ところが、あるとき当日会場に行ってみると、受付もアシスタントも来ていないことがありました。主催者に問い合わせると、そういう連絡は受けていないと言うのです。

私はすぐに東京の事務所に電話し、担当させた社員に聞いてみました。すると彼は「連絡はしました。向こうは了解したはずです」と言いました。

まあ、よくあるミス・コミュニケーションの例です。これ以上追及しても、「言った」「言わない」「聞いてない」の水かけ論になってしまうでしょう。

文書などにし、FAXしておけばよかったのでしょうが、**電話だけですませたのが失敗**でした。

この例は大した問題ではありませんが、連絡の方法については考えさせられる問題です。

◉「連絡したはず」がとんでもないことになったケース

受付やアシスタントなどの手配ミスぐらいなら、その場で何とかできますが、セミナーの開催される日付を間違えると、とんでもないことになります。

ある会社の研修が京都で行われるというので、出張講師を引き受けたことがあります。

当日、朝一番の新幹線に飛び乗り、京都にある先方の会社に到着しました。

先方の会社で担当者を呼び出してもらったところ、担当者が血相を変えて飛んできました。

「箱田さん、実は今日の研修は日程が変更になり、別の日にやることになっています。そのことを連絡したつもりだったんですが……」

と、相当あわてている様子でした。

私は、間に入っている東京の研修会社に電話しました。

研修会社の担当者も寝耳に水の状態で、びっくりしていました。

担当者もてっきり今日が研修の当日と思っており、変更になったことをまったく知りませんでした。

私は先方に、

「いま、変更になったとおっしゃいましたが、いつに変更になったのですか？」と聞きました。

「まだ、決まっていません。箱田先生の都合のよい日をお尋ねしてから決めたいと思っていました」と言ってきました。

私は仕方なく、その日は東京に戻りました。

一日の時間と往復の運賃と多大なエネルギーのすべてが無駄になりました。

結局、相手先の担当者は、言ったはずだと言い、研修会社の担当者もわが社の担当者も聞いていないと言っていました。

まあ、誰かが嘘をついているのかもしれません。

先方の担当者の連絡ミスだと思うのですが、それを証明するものはありません。

結局、数週間後に時間をとってもらい、研修を実施したのですが、たった一本の連絡ミスのせいで、いろいろな人に迷惑がかかってしまいました。

◉言いにくいため連絡が遅れたケース

吉田さんは入社二年目の営業マンです。ある日、お客さんから新製品を使ってみたが調子がよくないという話を聞きました。

「間違った使い方をしたのか、うちのがたまたま調子の悪い製品だったのかもしれない」お客さんの控えめな表現に、吉田さんは上司への連絡はとくに急ぐ必要はないと判断しました。以前、先輩の加藤さんが同じような報告をして叱られているのを見て、ますます言いにくくなってしまいました。

しかし、新製品へのクレームはその後も続き、ついには事故が起こりました。使用中に壊れてケガをした人が出たのです。新聞に取り上げられたら大変なことになります。会社はその製品を全品検査することになりました。

「なぜもっと早く報告しないのだ。私は、この商品が欠陥商品かもしれないということをまったく知らなかった。自社製品について何も知らない社長がいるか!」

社長の怒りは収まりません。

悪い連絡ほど早くしろ、というのは社長の口癖なのですが、下の者にしてみればなかなか言われるようにはできません。

先輩の加藤さんが、早めに報告したばかりに叱られたのを見ている吉田さんには、自分が責任を問われるのではないかと、恐怖にかられたのでしょう。

悪い報告・連絡をさせるなら、それを受ける側にそれだけの態勢がなくてはなりません。

仕事が気持ちよく進む「よい連絡」の例

◉早めの連絡でスムーズな対応ができたケース

渡辺さんは、ある会社の研修担当者です。日程の変更はもちろん、使用する部屋の広さが変わるとか、参加人数に変更があると、すぐに連絡してきます。

彼は、あるとき社内セミナーの企画をしました。対象は若い人です。研修講師は、視覚資料を多めに用意し、ＯＨＰを使って説明しようと準備を始めました。ところが、若い人だけでなく年配の人も聞きたいということになりました。

その結果、参加者が増えたという連絡がありました。会場も広くなるとのことです。講師は、それならＯＨＰではなく、パソコンを使ったスライドショーのほうがいいと、ビジュアル・ツールを変更しました。

聴衆が幅広い年代にわたるというので、話の内容も変更し、坐禅の話なども取り入れることにしました。

渡辺さんは一週間前ぐらいに講師に電話をしてきて、日時と場所、話の内容を確認し、準備すべきことがないか聞いてきました。講師は用意してほしいことをいくつか注文すると、数日後準備ができたとの報告がありました。

前日にも連絡があり、会場への導入路、控え室の位置なども知らせてきました。

おかげで講師は、心おきなくセミナーをやり終えることができ、聴衆から大きな拍手をいただきました。

こういうお膳立ては、講師にとってはありがたいものです。聴衆には担当者の苦労は伝わりませんが、こうした担当者の地道な連絡が社内セミナーを成功に導いたものと思われます。

◉「お礼」はその日のうちに

あるセミナーが終わって会社に帰ると、すぐに担当者からお礼のメールが入っていることがありました。

私が営業をしていたころの先輩に、いつもハガキを束にして持ち歩いている人がいました。セールスで初めて会ったお客さんに、すぐに礼状を書くためハガキを持ち歩いていたのです。

その人は、お客さんのもとを辞すと、喫茶店でも、公園のベンチでも、ちょっとしたところと時間を見つけてはカバンからハガキを取り出して、お礼のハガキを書いていたそうです。

文面はだいたい決まっていますから、あて先を書く手間だけですみます。5分もかかっていなかったかもしれません。

「お礼状はその日のうちに書くというのが鉄則だ。翌日ではもう鮮度が落ちるし、明日でもいいやと思ったら、永久に書かないものだと思え」

とその先輩はよく言っていました。

やはり、仕事はスピードですね。

お礼はその日のうちに、報・連・相も、その必要が生じたら即、というのが大原則です。

2 「連絡」の持つ本当の意味を知ろう

連絡とは上司をつなぎとめる「リテンション」である

◉上司は心配性、知らないと不安になる

私はどちらかというと臆病で心配性です。たとえば外出をして連絡があるはずの部下から何も言ってこないと心配になります。

「何かまずいことがあったのかな。トラブルがあったのではないか」

不思議とよいことは頭に浮かばず、悪いことばかり想像してしまいます。

それは、私が特別に心配性なのではなく、人間の普通の心理です。

とくに上司というものは、部下を預かる責任上、その動向に強い関心を持っています。

いわば親心だと思います。部下はそんな上司の心を知ってか知らずか、比較的のんきな人が多いようです。

部下は、業務としても連絡は欠かせないのですが、上司の親心を思う気持ちを持ち、早めの連絡を心がけましょう。

◉好意を持ってくれていても連絡を怠ると気持ちが離れる

まして、その上司があなたに好意を持ってくれているなら、なおさらです。上司の心配は親心と書きましたが、中には親心のない人もいます。でも私は、そういう人にこそ、密に連絡をとるべきだと思っています。

営業マンだったら、いったん買ってくれた客を逃がさないため、その後もつねに訪問するなど、コミュニケーションのジャブを打っていかねばなりません。

そうしないと、相手の気持ちがさめ、後から現れた別の営業マンにとられてしまうからです。自分はあの人に気に入られている、と安心して連絡もしないでいると、いつの間にか忘れ去られてしまいます。

◉ユデガエル・シンドロームになるな

恵まれた立場に安住して、やらなければならないことをしない状態を、私は「ユデガエル・シンドローム」と呼んでいます。

水を張ったお鍋にカエルを入れ下から火を燃やします。水がお湯になり、カエルはいい湯だなと鼻歌を歌っています。しかし、だんだん熱くなってくると適応できる温度を超え、お湯が沸騰してきます。そのとき「しまった。このままではゆで殺される」とカエルは気がつきますが、鍋から飛び出そうと思ってももう間に合いません。カエルはとうとうゆでられてしまいました。

居心地のよいぬるま湯につかって安心していると、このカエルのように大変なことになってしまいます。

「あいつはダメだ。本性は怠けものなのかな」

そう思われないように、連絡は頻繁にすることです。

◉マメに連絡をすれば信頼をつなぎとめられる

上司に気に入られているならば、さらにコミュニケーションの手数を増やし、上司の気持ちを自分に向け続けさせる努力をしなければなりません。

マメに報告・連絡をしていれば、仕事の成果がさほどではなくても、「少なくとも仕事はちゃんとしているようだな」と、上司を安心させることができます。

これは上司だけではありません。顧客に対しても、電話やメール、訪問などマメに連絡をとることで、信頼をつなぎとめることができます。

よく、コミュニケーションが下手で客を怒らせてしまう営業マンがいます。彼らのほとんどが、コミュニケーション下手というよりコミュニケーション不足です。

つまり、数に問題があるのです。

相手がちょっと怒っているなと感じると、できる営業マンならただちに客に電話を入れるであろうケースでも、コミュニケーション下手な営業マンは恐れをなして、連絡を先のばしにします。

あるいはまったく連絡しようとせず、向こうからかかってきた電話には居留守を使う始末です。それでは客が怒るのも無理はありません。かえって火に油を注ぐようなものです。

相手がちょっと怒っているなと感じたら、すぐに電話やメールで連絡をとり、どうしたら怒りを収めてくれそうかを探ります。必要ならば顔を出して謝るなど、コミュニケーションの早撃ちをするのです。つまりは、マメな連絡ということで、コミュニケーションの数が問題解決の有効打になるわけです。

ポイント

上司は心配性。連絡を密にするだけで信頼される

連絡は同僚に対する味方やネットワークづくりになる

◉連絡により同僚と協働感覚を持つことができる

大事な商談の相手が札幌から上京してくることになり、担当の伊藤さんは上司に同席してくれるよう依頼しました。すると上司は、受付の小島さんにもお客さまの到着予定時刻を伝えておくように指示しました。

当日、来社されたお客さまが受付で来意を告げると、受付の小島さんが丁寧に、

「お待ちしておりました。こちらへどうぞ」

と応接室に案内しました。その丁寧な対応にすっかり気をよくし、商談もスムーズに運びます。

とんとん拍子に話が進み、伊藤さんはお客さまを玄関口まで見送りました。その後、伊藤さんは受付の小島さんにお礼を言いました。

「商談は大成功だったよ。ありがとう、きみのおかげだ。お客さまはきみのこと感じのいい女性だとほめていたよ」

「伊藤さんが、事前にお客さまが来社されると連絡してくださったからです。これからも、どういうお客さまがお見えになるか、事前に教えてくださいね」

ほめられたと聞いた小島さんも嬉しくなり、伊藤さんの顧客にはとくに丁寧に対応しようと心に決めました。

伊藤さんは、ちょっと来客の連絡をしただけで、会社の看板娘が味方になってくれたことに、得した気分になりました。

報・連・相は義務でもマナーでもなく、ちょっとした気づかいです。報・連・相を心がければ、コミュニケーションが深化します。コミュニケーションは双方向ですから、互恵の関係を築きます。密になればなるほどお互いを強く結びつけます。

つまり味方になってくれる人を増やす作業でもあるのです。

ポイント

密な連絡は仕事をぐんとスムーズにする

3 上手な「連絡」の仕方とは

忙しい上司への連絡は手短に

◉連絡はタイミングとポイントが大切

人なつっこいところのある藤田さんは、上司にも物怖《ものお》じせずに報・連・相をするのですが、オーバー・コミュニケーションが玉にキズです。

「連絡しておかなければいけないことが一、二、三あります」

と上司の席に行ってから延々三〇分。半分以上が雑談という「連絡」で上司をイライラさせていることに気がつきません。

時間のあるときは熱心に聞いてくれる温厚な上司もたまらず、

「言いたいことはわかったから、結論だけ言って仕事に戻りなさい」

と叱責してしまいました。

藤田さんとしては、上司とのコミュニケーションを密にし、人間的なふれあいをはかっているのですが、忙しい上司に勤務時間中の雑談は、いかにも配慮がなさ過ぎました。いかにコミュニケーションが大切だと言っても、TPOを考えなければいけません。上司にとっては〝時間泥棒〟になっていたのです。

報告や相談はある程度時間をかけても許されますが、連絡に関しては手短にまとめることが求められます。

◉メモ連絡は時間の節約と確実性のメリットがある

そこへいくと、藤田さんの一年先輩の青木さんは慎重です。上司が忙しそうだと判断すると、文書やメモを用意します。

「それじゃあ出かけるから、何かあったら携帯を鳴らして」

課長が席を立つのを追いかけて、

「連絡事項を箇条書きにしておきましたので、あとで電車の中ででも目を通しておいてください」

とメモを渡しました。

課長は、箇条書きされたメモ用紙を見て、納得します。移動の時間を利用して青木さんからの連絡事項を頭に入れられます。また、書いたものがあるので、何度でも確認できます。

「わかった。あとで見ておくよ」

課長はメモをポケットにしまうと、急いで外出していきました。

青木さんの連絡の仕方は二重の意味で合理的です。

ひとつは、忙しい上司の時間泥棒にならず、タイミングをはかって報告しているということです。

もうひとつは、メモという書いたものを手渡しているので、正確に伝わるということです。聞き違い、覚え違い、言い間違えがありません。コピーをとってあれば、証拠にもなり、あとで説明し直すこともできます。

ポイント

手短に、メモを活用した連絡をすべし

連絡は「伝達の正確さ」を重視する

◉社内文書やメール、ＦＡＸを併用

数字をともなう指示や連絡は、電話や口頭では正確に伝わらないおそれがあります。メールや先に述べたメモという方法もありますが、正確さと記録性においては文書がいちばんです。

ビジネス文書は書式が決まっているので、書き方で迷うことはありません。フォーマットをつくっておくと、利用しやすくなります。

よくある例ですが、ＦＡＸを送ってもまったく返事がないことがあります。

ある銀行の中堅行員村田さんは、支店長に頼まれて別の支店あてのＦＡＸを送りました。折り返し返事をくれるよう依頼しておきました。

しかし、半日たっても応答がありません。支店長に促されて電話をすると、担当者は出張中で不在とのことでした。

「不在なら不在と、だれかＦＡＸを見た人が連絡してくれてもいいじゃないか」

電話口で村田さんは文句を言いましたが、ＦＡＸを送っただけで確認しなかった村田さんにも落ち度はあります。支店長にも怒られてしまいました。

【社内文書の書き方】

文書を送る日付
あて先
発信者名（部署のみ）役職名を書くことも
内容を示す件名
本文（文書の目的）あいさつは省く
記書き（箇条書きしたほうがよいもの）
結語（“以上”と最後に書く）

村田さんは、ＦＡＸを送ったことで連絡したと思い込んでいました。しかし、発信と連絡は違います。伝えたい内容が相手に届いていなければ連絡したとは言えません。

ＦＡＸ、Ｅメールなどは便利ですが、たしかに届いたかどうか確認できません。届いたとしても、内容が了解されたかどうかわかりません。村田さんも、すぐに確認すべきでした。

もちろん、電話の連絡が万全であるということはありません。日時や数量などは、誤って伝わる可能性があり、電話の前後にＦＡＸやＥメールなどの文字情報を併用するのが望ましいことは言うまでもありません。

「連絡」においては、伝達の正確さを重視しなければなりません。

◉何かあった場合でも連絡した証拠があれば大丈夫

連絡には、失敗したときの保険という側面もあります。

トラブルになったとき、関係部署に連絡をしていた事実があれば、ある程度責任は回避できます。

課長から、得意先に商品サンプルを送ってほしいと頼まれた小山さん。別段急いでいる様子はなかったので、自分の仕事を片付けてから、荷造りしようと、サンプル棚を確認したところ、指定されたものがありません。

本社から取り寄せるか、本社から直接送ってもらうか、課長に相談しようと課長の席へ行ったところ、課長はでかけた後でした。

携帯に電話してみましたが、出ません。留守電に「お電話ください」と吹き込みましたが、なかなか、かかってきません。退社時になっても連絡がとれないので、しかたなく本社から送ってもらうことにし、その旨を本社に電話とＦＡＸで連絡しました。

数日後、お得意先からサンプルが届いていないとクレームがありました。課長は小山さんを叱りましたが、本社への依頼ＦＡＸがあったのと、課長の携帯電話に留守電を入れておいたおかげで、本社の処理ミスとわかりました。その結果、小山さんは責任を問われることはありませんでした。

この例のように、関係者への連絡は、証拠が残るようにしておくと、トラブルになったときでも、原因追及に役立てることができます。

ポイント
FAXやメールを送っただけではダメ。必ず確認を

外部への「報・連・相」ではお客さんへの連絡が最重要

◉売上は連絡の回数に比例する!?

報・連・相は、職場内のコミュニケーション・スキルとして問題にされますが、外に向かっての報・連・相も必要です。

とくに、お客さんへの連絡は営業マンにとって重要な問題です。

かつて営業マンの間でブームになった「ランチェスターの法則」というものの中に、「売上は、訪問回数の二乗に比例する」という項目がありました。

パソコンはもちろん電話もそれほど普及していなかった時代ですから、訪問だけがセールスの手段だったのでしょう。「営業マンは用がなくても通え」「渡した名刺の数が売上に通じる」という営業の格言も、同じことを言っています。

会えば会うほど売上がのびていくというのは、いまでもあながち間違いではありません。確かにお客さんと会う機会が多いほど、相手のことがわかり、どんなニーズを持っているか理解できるようになります。

ただ訪問は時間がかかり、効率がよくありません。スピードが要求される現代のビジネスには、最善の方法とは言えません。

いまならパソコンもあれば、ＦＡＸもあります。電話も携帯がこれだけ普及していますから、通信手段にこと欠きません。また、手紙も葉書もあります。お客さんと連絡をとろうと思えばいくらでも方法はあります。

それらをフルに活用して、お客さんをつなぎとめます。電話やメールで連絡の連弾を打つのです。ランチェスターの法則風に言えば「売上は、連絡回数の二乗に比例する」といったところでしょう。

◉お客さまへの連絡は速攻を心がける

たとえば、お客さんから何か問い合わせのメールがきたとします。あなたはそのメールには気がつきましたが、ほかに急ぎの仕事があり、そちらを優先してしまいました。

お客さんは、あなただけでなく別の業者にも同じ問い合わせをしていました。ライバルは、すぐにアクションを起こし、メールを返信しました。あなたの返信は翌日の午後でした。

お客さんはパートナーとしてどちらを選ぶでしょうか。答えは明白です。先にアクションを起こしたほうでしょう。

言うまでもないことですが、こうした連絡は速攻勝負です。メールなら読んだらすぐ返信を出すことを自分に義務づけましょう。

◉文書作戦で「できる人」と思わせる

連絡の正確性について社内文書を活用すべきだと、前述しました。私の経験から見ますと、社内文書を数多く出すと仕事をしているように思われます。

お客さんへの文書及び社内文書というと、まず手紙・ハガキ、それにメール・FAX、さらに送付状や添え状などのビジネス文書及び社内文書。いずれも、しばらくは残るものなので、電話よりも効果が持続します。ただし、コミュニケーション・ツールとして使うなら、心をこめなければなりません。

私の知っている人で、仕事ができると思える人は、総じて筆マメです。

セミナーや講演で私の話を聞いたと言ってお礼状をくださる方は、重要なポストについている、いわゆる“お偉いさん”が多いのも事実です。

こうしたお礼状には、とても感銘を受けるものがあります。その方に喜んでもらえるような仕事を、これからもしたいという気にさせられます。心のこもった手紙やメールはそれだけで、その人への評価をアップさせます。

つまり、文書で人の心をつかむのです。

少々めんどうでも、文書で連絡をする習慣をつけることが、できる人と思われるひとつの条件になるでしょう。

ポイント

すばやい連絡は売上アップの秘訣

第4章

「相談」はできる人の最重要テクニック

1 私が見た「よい相談・悪い相談」

こんな「相談」をされたら迷惑

◉自己主張の激しい相談のケース

「課長、ちょっと相談があるんですが……」

若手社員の鈴木さんが、課長の席にやってきました。最近、顧客とのトラブルが発生して悩んでいると言うのです。聞けば、ちょっとした連絡ミスがクレームに発展するケースが大半のようです。

「連絡には文書を併用して、ひとつひとつ確認しながらやることだね」

課長はアドバイスしましたが、鈴木さんは納得しません。

「していますよ。FAXも流しているし、メールも送っています。どうも相手がそれを見てくれていないようなんです」

「自分だけがやっている気になっているのではなくて、さらにそれを確認する気持ちがないといけないよ」

課長は穏やかに言ったつもりでしたが、彼は非難されたと思ったのか、自分の仕事のやり方を説明し、延々と正当性を主張します。

「では、きみはお客さんが悪いと言っているのか。私に、お客さんにきみのやり方に従えと、申し入れろとでも言うのか」

課長も少しムッとして、声を荒げてしまいました。

彼は愚痴をこぼしたかっただけなのかもしれません。それはわかっていたのですが、あまりに自分の主張にこだわるものですから、課長もつい強い調子で言ってしまいました。

この例のように、相談と言いながら自分の正当性ばかりを言い張ると、相談されたほうもうんざりしてしまいます。

アドバイスをしても聞く耳を持たないという状態では、相談する意味がありません。

◉従う気がまったくないケース

私の家内だけではないようですが、世の奥様方は家族に「きょうの夕飯、何にする」とか、「きょう何食べたい?」と聞くのがクセのようです。

そんなとき、こちらがまともに頭をしぼり「きのうは肉料理だったから、きょうは魚がいいな。煮魚なんかいいんじゃないか」などと意見を言っても、食卓に乗るのは「肉じゃが」だったりします。

「煮魚がいいと言ったじゃないか」

と言ってみても、家内はあっけらかんとしてこう言います。

「スーパーへ行ったらジャガイモが安かったのよ。ちょっと買いすぎちゃったから、肉じゃがにしちゃった」

「だったら、何食べたい、なんて聞くなよ。真剣に考えちゃったじゃないか」

文句を言ってものれんに腕押しです。相手には従う気などはじめからないのですから。

これなど、仲のいい夫婦の楽しいやり取りのようなものです。

この程度の肩すかしならあまり罪はありませんが、はじめから従う気もないのに相談をもちかけることはよくありません。

とりあえず相手の意見を参考にしたい、ということもあるでしょう。そんなときは、「私は一応、こうしたいと思うんですが、部長はどう思われますか」

というようなかたちで相談するとよいでしょう。**相談をするからには、相手の意見を尊重する姿勢をもって相談**しなければなりません。

こんな「相談」なら大歓迎

◉上司を立ててくれる部下の相談のケース

ある会社の研修の事例です。

研修目的に合わせて二〇ページほどのテキストをつくりました。参加者が延べ三〇〇人に及ぶというので、印刷を社内の文書課に依頼しました。

その会社には文書課があり、簡易印刷機も持っています。実施日の火曜日まで休日を除けば三日しかありません。

研修担当の小池課長から、テキスト原稿を渡された女子社員の新井さんは、文書課へ行って火曜日の朝までに三〇〇部印刷・製本するように依頼しました。

ところが文書課長は、引き受けてくれません。

「うちの課は社内で使う文書の印刷を一手に引き受けていて、毎日資料や冊子をつくっているから、すぐにはできないよ。調査部の印刷の順番が先だから、それが終わってからということになるな。早くても水曜くらいだね」

新井さんは、「上司に相談してみます」と言って印刷申請書だけおいて戻ってきました。

相談を受けた上司の小池課長は、文書課長とは親しい間柄です。話せばわかってくれると確信していました。新井さんの説明を聞いて、それほどむずかしい問題ではないとも感じました。そのうえ新井さんは、三つの解決案を示しました。

「先に印刷を依頼している調査部と交渉して順番を譲ってもらうか、文書課に休日出勤してもらうか、外注するかだと思いますが」

小池課長は、決断をくだします。

「では、手分けして説得しよう。きみは調査部の担当者と順番の交渉をしてくれ。私は文書課長にかけあってみる。それでだめなら外注しよう。外注先は私が文書課長に紹介してもらうから心配しなくていい」

結果は、調査部が順番を譲ってくれて、テキストは無事できあがりました。小池課長は後でその件について、

「いい部下を持ちましたよ。彼女は私を立ててくれたのです。私が文書課長と親しいものだから花を持たせてくれるために、相談にきたのでしょう。解決案をちゃんと用意して。その結果、彼女は交渉がうまくいって自信をつけたでしょう。私も頼れる上司という印象を持たれるようになりました」

と、嬉しそうに言いました。

2 「相談上手」は出世が早い

上司を味方にするには報告より「相談」が効果的

◉相談する部下のほうがかわいい

上司にとって、部下から意見を求められるのは嬉しいことです。

年長者として尊重してくれたことに満足感を覚えますし、若い人にアドバイスできることもひとつの喜びです。

年長者は心のどこかで、いつか若い連中にガツンと言ってやらなければという意識を持っています。自分のやってきたことや考えを、若い人に伝え奮起を促したい、と思っているのです。

そういう気持ちがとくに強い上司には、現状を細かく報告してくる部下よりも、「教えてください」と頼ってくる部下のほうが、かわいく感じられます。

ソツのない報告にはアドバイスする余地が少なく、へんにアドバイスしようものなら「部長にケチつけられた」と恨まれてしまうこともあるでしょう。

「相談に乗ってください」と言われれば、堂々と説教ができます。与えたアドバイスに感謝されでもしたら、嬉しくなって頬は緩みっぱなしです。上司にとっては、相談されるという形はプライドを満たすことができる最高のコミュニケーションです。

当然のように「報告」だけをしてくる部下よりも、「相談」する部下に目をかけるようになってしまいます。

◉報告も相談のスタイルで！

藤田さんは入社二年目の若手ですが、肩に力が入っていた新人のとき、先輩の後藤さんからアドバイスされました。

「上司を動かそうと思ったら、報告に力を入れることと同時に、わかっていることでも相談することだよ。報告されても上司は当然と思うだけだが、相談されると口では〝何だ、そんなこともわからないのか〟と言いながら、結局は面倒を見てくれるんだよ。相談は上司にかわいがられるための切り札だよ」

その言葉を聞いて以来、藤田さんは上司への報告も相談の形をとるようにしました。

「A商事へ出す見積もりはいくらぐらいにしましょうか」

「見積もりの出し方は教えただろ」

「その計算方法でやると、こんな額になってしまいますが、少し高くないですか」

「どれどれ」

というやりとりです。

これが報告を優先すると、

「A商事への見積もり額、この数字で出しておきました」

「なんだ、この数字は。これでは高すぎて減額されるぞ」

「マニュアルどおりに計算したんですが……」

のようになってしまいます。

同じ金額を示したのに、報告すると叱られ、相談すると教えてもらえるなんて、ちょっと不思議な感じがしますが、それが上司に気に入られるテクニックです。

ポイント

上司は報告よりも「相談」されたいもの

「人たらし」の真髄は「相談」にあり

◉相談されると慕われていると思う

後藤さんは、入社四年目の若手ですが、相談の効果をよく知っています。

後藤さんの座右の銘は、国民作家と言われた吉川英治が言った「我以外、皆我が師」です。これを実践して、わからないことがあるとだれにでも教えを乞うことにしています。

そのおかげで、先輩や上司から「どうだ、何かわからないことはないか」とよく声をかけられます。相談をされた先輩や上司は、自分が後藤さんから慕われていると思っているのです。

もちろん、後藤さんは嫌いな人に相談するはずはありません。しかし、相談されたほうは、慕っていると錯覚するのです。

とくに、部下から敬遠されるような威張った上司や、威厳のある上司を自認しているような堅物上司には、気軽に話しかけてきて相談をもちかける部下が、かわいく見えるものです。

そんな相談の効果を後藤さんは有効に活用しています。

◉相談されれば気がねなく説教ができる

上司は、なぜ部下からの相談を喜ぶのでしょうか。

前述したように、自分を仕事ができる上司、あるいは人生の先輩として尊重してくれたことへの満足感があるからです。上司はつねに、自分の経験やそれをもとに得た教訓を語りたがっています。相談されるということは、部下が嫌がらずにそれを聞いてくれるということです。

上司にとってそれは黄金の果実です。何の遠慮もなく説教ができるからです。

年配者や上司は、「最近の若い者は困ったものだ」という思いをつねに抱いています。「折あらばひと言、言ってやりたい」とだれもが思っています。古代ギリシアだったかローマだったか忘れましたが、遺跡の壁の落書きに「近頃の若い連中ときたら……」というような意味の文字があったそうです。

そんな昔から、というよりいつの時代でも、年長者は若者の行動を苦々しく思い、説教をしてやろうとチャンスをうかがっているものなのです。

そこへ飛び込んでいくのですから、「待ってました」とばかり歓迎されます。「よくぞ相談してくれた」と、思いのたけをぶつけてきます。

それをきちんと聞くことができれば、〝ジジ殺し〟は大成功です。上司の受けはよくなり、あなたはお気に入りの端に連なることができるでしょう。
ソツなく報告するだけでは、あまり効果は得られません。

ポイント 相談はあなたのためでも、上司のためでもある

相談することで相手の自負心を満たしてあげられる

◉相手をほめながら相談しよう

上司に相談する第一の目的は、相手の意見や考え方を、自分の仕事のやり方や行動の参考にすることです。つまり上司の貴重な経験や知恵を拝借しようというわけです。

ですから、あなたにとって、できるだけ役に立つ話をしてもらう必要があるわけです。

それには上司をいい気持ちにさせて、しゃべりやすくするのが効果的です。つまり、上司をほめることがポイントです。

上司の話は肯定的に聞き、納得できる意見には大きくうなずくなどして、心を動かされていることを示すのです。

早い話が、上司をほめることにより、上司のいいところを最大限に引き出すのです。ほめられて悪い気がする人はいません。

ほめられれば「いや、そんなことないよ。おだてるなよ」と、謙遜する人はいても、「なんでオレをほめるのだ。ほめるんじゃない」などと怒る人はめったにいません。心の中では嬉しくて、「オレって結構人望があるんだな」と悦にいっています。

このように、ほめて上司の満足感を満たし、いい気持ちにさせれば、いいアドバイスをしてくれるでしょうし、その後も何かと目をかけてくれるようになります。

◉ほめ方の〝上級〟テクニック

では、どのようにほめたらよいのでしょうか。ほめ方にもテクニックはあります。人をほめろ、と言っても急にはうまくいきません。

これから上司に相談しようというときは、まず上司の何をほめようか、考えておきます。結構、入念な作戦が必要です。

第1章でも述べたように、ほめ方の基本は「みほこさん」です。み＝認める、ほ＝ほめ肯定する、さん＝賛成する、の四つです。

うことを認め、「おっしゃることはよくわかります」。その視野の広さに驚き感

ほどそういう見方もあったのですね」。否定することなく「そのとおりだと思

心から賛同することです。

いやあ、すばらしいアドバイスをいただきました。ぜひそのようにいたします」と、ひとつひとつ言葉にし、上司の見識をほめたたえます。

これが基本的なほめ方です。

少しレベルアップをしたほめ方は、「ほめる理由を付け加える」というやり方です。

「きょうはいつも以上にすっきりしてると思ったら、ネクタイが決まってるんですね。センスを感じさせますね」

のように、カッコいいことをほめるだけではなくて、その理由もあげてほめると、相手は納得しますから、ほめ言葉がお世辞にならないのです。

さらに上級になると、相手の存在の重要感を満たすほめ方をします。

アメリカの人間関係研究家のデール・カーネギーという人は、人間の欲望について研究し、いろいろな欲望の中でいちばん強い欲望は〝自己重要感〟だと説いています。

自己重要感とは、自分を認めてほしい、自分の価値をわかってほしい、自分を重要視してほしい、という欲望です。これは食欲や性欲、睡眠欲などよりも強いと言います。相談することで、「あなたを必要としています。あなたが大切なのです。あなたの意見が聞きたいのです」という態度を示し、存在の重さを強調できるのです。

たとえば、上司の話に感銘を受けてそれを素直に表現すれば、上司の自己重要感はいやがうえにも満たされます。

「いや、いまの部長のお話すばらしいですね、感銘を受けました。部長は本当、物知りですね」といった感じです。

◉プライベートなことまで相談する効果

仕事に関する報・連・相でさえ、頻繁に行えば上司の心を捉えることができるのですから、プライベートなことまで相談してくる部下には、上司はイチコロです。

経済アナリストの森永卓郎氏によれば、銀座のホステスの必殺技は、客の隣に坐り、膝に手をおき、耳元でささやくように、

「プライベートなことで相談があるの。聞いてもらえます?」

と小声でつぶやくのだそうです。これに抵抗できる男はまずいないと言います。私は酒

を飲まないので、そんな経験はありませんが、実際にそんなことが起きれば、私もちょっと断る自信はありません。

相手がホステスにかぎらず、「相談したいことがあるのですが」と言われて、拒絶できる人は少ないでしょう。まして相手が部下ということであれば、公私の別なく相談に乗るでしょう。

それがプライベートなことなら、なおさら「信頼してくれている」と思えるでしょうし、人生の先輩として〝哲学〟を語ってやろうと意気込ませるのです。

相談される上司にしてみれば、先輩風を吹かせるいい機会でもあり、アドバイスの形をとりながら自分のこれまでの生き方を自慢できるわけですから、いい気持ちになれるのは目に見えています。

年長者にとって、自慢をさせてくれる相手というのは、実に好ましい存在なのです。

それゆえ私は、この「プライベートなことで、ご相談があるのですが」というせりふを究極の〝ジジ殺し〟だと思っています。

ポイント 個人的な相談は親しさを倍増させる！

相談とは人の話を「聴く」ことである

◉人の話を聴く五つのメリット

前述してきたように、相談するときは、相手の意見を拝聴しなければなりません。この〝拝聴する〟という行為が、人間関係を最高によくするスキルです。悪い相談の例であげたような、人の意見を聞かず自分の主張ばかりを声高に叫ぶようでは、相談とは言えません。

相手が上司にかぎらず、相談するからには相手の話を聴かなければなりません。聴き上手になることが、「できる人」になる近道です。ところが通常、人は話し方には関心を持っていますが、聴き方にはあまり興味を示しません。できる人になるためには、上手に聴くスキルをぜひ身につけてください。

人の話を聴くと、こんなにいいことがあるというメリットを並べてみました。

①聴けば情報が入る↓上司（相手）が何を考え、何を求めているかがわかる
②共感ゾーンができる↓上司（相手）との共通点を見つけて、親近感を増すことができる
③相手に自己満足感を与えられる↓話すことで上司（相手）は心が癒される

④知識が増える→自分の知らないことを上司（相手）は知っている
⑤相手の人間性を知る→話し方や内容から上司（相手）の人間性が見えてくる

このように、人の話を聴くことは、自分が話す以上に相手とのコミュニケーションを深めることがあります。

謙虚な気持ちで相手の話に耳を傾けましょう。

◉聴くことで相手がわかり自分の知識が増える

前項の③「相手に自己満足感を与えられる」については、これまでも再三述べてきましたから説明するまでもないでしょう。

①と②、および⑤は、相手を知るということでは共通点があります。

①は相手の価値観を知ることです。何を大切にし、何を必要としているか、ニーズがつかめます。

②は相手の属性を知ることになります。家族構成や出身地、趣味や特技といった会話から、お互いの共通点が見つかるかもしれません。それは親しさを倍化させます。

⑤は相手の人間性を知るわけです。見た目は怖そうだけど意外に優しいところがあるとか、冗談ばかり言っているが結構まじめな人なんだなとか、話を聴いているとわかってき

ます。

これらは、はたで行動を見ているだけでは推測できません。日常会話だけでも、正確な予測はむずかしいと言わねばなりません。

しかし、面と向かって相手の言うことを注意深く聴いていれば、しだいにわかってきます。それが聴くことのメリットです。

④の知識が増えるというのは、言うまでもなくおわかりになると思います。人生経験の豊富な人は知識も豊富で、あなたの知らないことをたくさん知っています。よく聴いていれば、それは言葉の端々に出てくるはずです。仕事上の「相談」は、これが大部分を占めます。

このように聴くことのメリットはすごく大きなものです。これから大いに上司にしゃべらせることを心がけてください。

ポイント

できる人になるには「聴く」技術が大切

3 相談するには聴き方のテクニックを身につけよう

全神経を集中して〝聴く〟

◉聴き上手になれば人生が変わる！

人の話を聴くというのは、結構しんどい作業です。人の話を聴くというのは、相当の集中力を必要とするからです。人の話を聴くときは耳ばかりではなく、眼と頭も同時に使わなければなりません。

相手の声が小さい場合や、むずかしい話をしているときは、耳に全神経を集中せねばなりません。と同時に、相手がどのような表情で話しているか、ということを眼で観察します。

実は、顔の表情や態度に相手の本心が出ていますので、注意深く観察しなければなりません。

相談したときでも、相手の話は次から次へと通りすぎていきます。話の内容や、ポイントを自分の頭で理解しながら、相談内容を深めていかなければなりません。脳をフル回転させる必要があります。

なおかつ、メモを取る場合もあります。手も動かさねばなりません。

また、適当に相づちを打ったり、うなずいたりすることも必要でしょう。

時には、新たな質問をしなければなりません。考えてみれば、聴くということは、実に五官を駆使して行うかなりハードな作業なのです。

ですから、真剣に聴けばものすごく疲れます。人が話している最中に相手が眠ってしまうことがありますが、これは話を聴くことで疲れ切ってしまうからではないかと思います。

体全部を使ってたくさんのことを同時に行うわけですから、ある意味ではスポーツに似ています。では、スポーツが上手になるコツは何でしょうか。

そうです。練習をすることです。練習をし、訓練をすることにより、うまくなります。

実は、聴き方もそうなんです。練習しなければなりません。いままで長い間、まったく練習せず、自己流でやっていた聴き方を改善するのはなかなか大変です。

聴き方なんて学校では教えてくれません。かなり大変なスキルですが、練習する価値のあるスキルです。聞き上手になれば、相談のときだけでなく上司の受けは必ずよくなります。営業マンは売れるようになります。夫婦関係、親子関係もよくなります。もてるようにもなります。

間違いなくあなたの人生が変わります。

次に述べることを実行して、聴き方名人になってください。

◉心を空にして相手の言うことを聴く

聴き方にもさまざまなテクニックがあります。前述したように、報・連・相、とくに「相談」するときに必ず役に立つテクニックです。

まず、大前提となるのが、「心を空にして聴け」ということです。心に相手の言うことを受けつけない〝何か〟が入っていたら、相手の話はむなしく外にこぼれ落ちるばかりです。

昔、禅宗の高僧にアメリカの宗教学者が禅の話を聞きに行ったことがありました。

高僧が禅の話をすると、そのアメリカの学者はキリスト教の理論で反論します。すると高僧は茶碗を引き寄せて、きゅうすでお茶を淹れはじめました。茶碗がいっぱいになって外にあふれているのに、やめようとしません。

学者が驚いて注意すると、「あなたの心もこの茶碗と同じです。あなたの心にもキリスト教があふれていて、私の話が入る余地がありません。心を空にして出直しなさい」と言ったのです。

この話を、私は「コップ理論」と名づけました。聴くという行為の大前提に掲げていま す。コップは空にしておかないと水は入りません。相手から何か得ようとするならば、まず己の心を空にして、謙虚に聴く姿勢を持たなければ、何を聴いても心には響きません。

上司に相談しようとするなら、批判しようなどと思わずに、とにかく心を自然にして、聴く姿勢をもって臨めということです。

◉まず最後まで聴くこと

私は雑誌や新聞の取材を受けることが多いのですが、取材記者の中にもうまい人とへたな人がいます。

要するに聴き方のうまい人が、イコール取材のうまい人なのです。

聴き方のへたな人に取材されると、実にいやな気分になります。

へたな聴き方の特徴は、まず最後まで私の話を聴かない人です。私が話をしている最中でも、

「わかりました。それはこういうことでしょう」とか、

「要するに、こういうことなんでしょう」と結論を言おうとする人がいます。

私は、いちいち「いや、そうじゃなくて、私の言いたいことは、こうなんですよ」と言い直さねばなりません。

それと、私の論調にことごとく反論や疑問を呈して来る人もいやですね。

「でも先生、そういう場合は逆のほうがいいのではないでしょうか」とか、

「しかしですね。こういうときはうまくいかないと思いますが」というように、いちいち私論をふっかけてくる人も話をしたくなくなります。

要するに、自分で予見を持ってしまっていて、私の考えをその方向へ持っていこうとするわけです。

仮に、私の考えが突飛であっても、

「なるほど、そういう考えもあるのですね。そこのところ、もう少しうかがってよろしいですか」というような言い方をされると、喜んでさらに話したくなります。

話の腰を折らずに、最後まで人の話を聴くということは、正しい聴き方の第一歩です。

ポイント

話は心を空にして最後まで聴く

気持ちよく話してもらう聴き方テクニックの真髄

◉覚えておくと得をする聴き方の五大ルール

上手な聴き方を実践するには、次に述べる「聴き方の五大ルール」を覚えておくと便利です。これは、〝聴いている〟ということを相手に伝える効果のある五つの方法です。

①表情効果（笑顔で聴く）
②うなずき効果（聴いていることを相手に伝えて安心させる）
③相づち効果（声にして発信すると相乗効果が得られる）
④質問効果（相手が次々に話したくなる質問をしろ）
⑤視線効果（コミュニケーションはアイコンタクトから）

これらは、聴いていることを相手に伝えるだけでなく、相手をいい気持ちにさせて、もっと口を滑らかにさせる方法でもあります。

このルールを覚えておくと、人の話を聴くときに役に立ちます。どれもむずかしいことではなく、話に身が入ると自然に出てしまう行為です。

ただし、相づちと質問は若干のコツがあります。

それを上に図示しておきました。ぜひマスターしてください。


【相づちと質問の言葉のコツ】

相づちのコツは「あいうえお」

「あ　あー、そうですか」「い　いやー、驚きました」

「う　ウワー、すごいですね」「え　えーっ、ほんとですか」

「お　おーっ、さすがですね」
▶大げさに驚くのがコツ（＝のけぞり話法）

質問のコツは「どつき質問」

「どこで?」「どうして?」「どうやって?」「どうなりました?」

「どう思いますか?」「どんな感じでした?」
▶答えが無限にあるような質問をすると、話が途切れない。

ルール1　聴いているときの「笑顔」は好意の表れ

上司に限らず、営業マンだったらお客さまに対するときなど、誰と話すときでも笑顔で接することは実に大切なことです。

東京大学の原島博教授によりますと、コミュニケーションにおいて顔の果たす役割は、8割に達するとのことです。

ということは、言葉の果たす力は2割しかないということです。

たしかに、しかめっつらをした人がどん

なに優しいことを言っても信じられません。

笑顔は、好意の表れです。相手の話を聴くときは、嬉しそうな笑顔で接することで、あなたは八〇%コミュニケーションに成功したことになります。

新聞を読みながら、いやいや息子の話を聴くお父さん、テレビを見ながら無関心むきだしで娘の話を聴くお母さんであっては、親子の断絶が起きるのは当然です。

いつでも興味津々の笑顔で、相手の話を聴くようにしてください。

せっかく上司に相談に行ったのであれば、眉を寄せながら何となく疑っているような顔で聴いてはいけません。そうした表情と気持ちは相手に伝わります。笑顔を忘れないでください。

当然のことですが、いつでも笑顔で聴けばよいというわけではありません。悲しい話のときは悲しい顔をし、相手が怒っているときは、神妙な顔で聴かなければなりません。いずれにせよ、顔の表情はコミュニケーションにおいて重要な役割を果たすことを忘れないでください。

アメリカで調査した結果によりますと、しかめっつらをしていつも怖い顔をした医者は、ニコニコして愛想のよい医者よりも二倍も多く医療ミス裁判で訴えられる、ということです。名医とそうでない医者の差は、技術的なことではなく、態度の違いであるというのは驚きです。

ビジネスマンもネクラであっては嫌われます。これから、明るい笑顔でふるまうようにしてください。

ルール2　うなずきを大きくする

私の仕事は、講演や研修を行うことです。毎日たくさんの人の前で話をします。

毎日話していると、たくさんのタイプの聴衆に会います。よい聴衆も、あまりよくない聴衆の場合もあります。

よい聴衆と悪い聴衆の違いは何かというと、それは間違いなく聴くときの態度が違うのです。

熱心に聴いてくれる人々の場合は私も力が入りますし、大変盛り上がり、講演後のアンケート結果も最高によくなります。

聴くときの態度とは、具体的に言えば、うなずきの頻度と深さです。

たくさんの人が何度もうなずいてくれますと、私もやりやすくなります。逆に誰もうなずいてくれないと、私もだんだんやる気を失い、単調でつまらない講演になってしまいます。

つまり、話し手はまず、相手を見ているのです。相手が一生懸命うなずいてくれると、話し手も熱意を込めて話すようになります。

上司や同僚であっても、相談への答えを熱心に聞いてくれる人にはいろいろと教えようという気になります。

単に首を上下にふるだけでもよいのです。人の話を聴くときは、首の上下運動をどんどんやってください。相手は喜んで話をしてくれるでしょう。

ルール3 相づちは〝二度うち〟が効果的

たとえば、相手が何か言ったとき、

「そうですね」と単純に返事をするのではなく、

「そうそう、そうですよ」というように、繰り返して相づちをうちます。

同じように、

「いいですね」とは言わず、

「それはいいですね。実にいいですよ」と繰り返します。

「わかります。よくわかります」

「それは無理です。絶対、無理ですよね」

「なるほど、なるほど」

という具合に同じ言葉を二度繰り返すことにより、相手に対する同意の度合いが高まります。

人は、自分に同意を示してくれる人に好意を持ち、反対する人は嫌いです。ですから、同意の言葉、すなわち相づちを頻繁にうってくれる人を好きになります。

それも、「そうですね」と素っ気なく言うよりも、力を込めて「そうですね！　絶対そうですよね」という感じで賛成してくれる人のほうに好感を持ちます。

これからは、〝相づちは二度うち〟を実行してください。

また、上司がジョークを言ったり、面白い話をしたときは、思いっきり笑ってください。ジョークを言う人の気持ちはどんなものでしょうか。間違いなく笑ってもらいたいと思っています。

私が講演や研修でギャグを飛ばして、大いにウケたときはとても嬉しく思います。今日の聴衆はユーモアを解するよい聴衆だな、と思ったりもします。

笑いは、文化のバロメーターとも言います。余裕のある人、自信のある人は笑います。したがって、上司のジョークに対しては思いっきり笑ってあげて、ユーモアのセンスをほめてあげてください。

ルール4 前向きな質問で掘り下げる

うまい聴き方で、最も大切なテクニックは、質問をうまくすることです。

相手が一区切り話し終わったところで、「あのう、ひとつお聞きしたいことがあるのですが……」と言って質問を切り出します。

あるいは、「それについてもう少しお話しください」とか、「その点について、ちょっとわからないんですけど、教えていただけますか」といったような質問で、さらに深く掘り下げた会話にもっていくことができます。

ただし、しつこく質問すると刑事の尋問のようになってしまいます。

つねに肯定的、前向きの質問をすることを心がけます。たとえば、「それはよかったですね。成功の原因は何だったんでしょうか」とか、「この分だと、来月もうまくいくんじゃないですか」といった質問です。

くれぐれも注意すべきことは、相手がしゃべっている最中に、さえぎって質問をしないことです。前にも述べましたが、相手が話し終わっていないのに途中で止めることは必ず相手をイライラさせます。

あくまでも、教えていただく、という感じで質問、相談するのがポイントです。

ルール5 アイコンタクトで話への関心を示す

それから、もうひとつ。相手の話を聴くときの姿勢と視線も大切です。とくに視線が定まらず、オロオロ、キョロキョロするのは厳禁です。視線が上下左右に揺れる人は、心が落ち着いていない証拠です。

集中力に欠けた人と思われてしまいます。相手の眼をしっかり見て話を聴いてください。

東京ガス都市生活研究所が以前、就職試験の面接官は受験者のどこを見るか、という調査をしたことがあります。

それによりますと、まず第一に受験者の人柄を見る、ということでした。次に常識力、学力、体力という順番になるそうです。

しかも、人柄をチェックするために試験官はどこに注目するかというと、

①視線
②表情
③話し方
④姿勢

の順になるそうです。面接中の受験者の「視線」に人柄が出てしまうと言うのです。

上司から認められるためにも、視線（アイコンタクト）はおろそかにできません。

相談するときでも、相手が話しているときは相手の眼をしっかり見つめ、話の内容に関心を示してください。あなたの聡明で明るい人柄を、情熱と真剣さを秘めた眼で表現するようにしてください。

番外ルール「大きな手帳」でメモを取る

私が講演や研修をしているとき、熱心にメモを取る受講者がいます。当然、私は「彼は一生懸命聴いてくれているな」と思い、好感を持ちます。

人は、他人の話を聴いてもすぐに忘れます。ドイツの心理学者エビングハウスの調査によると、一〇〇学んだことも一時間で六〇％も忘れてしまうとのことです。

せっかくよい話を聴いてもすぐに忘れてしまうのが人間の習性のようです。

忘れるのを防ぐ方法、それはその場でメモを取ることです。実際には面倒くさいためかメモを取る人はあまりいません。

メモを取ることにより、さらに記憶に焼きつきますし、また後で取り出して読むことができて、復習に役立ちます。

皆さんも会議に出席したとき、研修のときはもとより、上司に相談するときは必ずメモを取る習慣をつけてください。

そのときは必ず「大きな手帳」を持つこと。バインダー式のシステム手帳を持つようにします。大きな手帳を持ち歩くことにより、「プロ」のイメージを持ってもらえます。

そのへんにある書類の裏などになぐり書きのようにメモを取る人がいますが、あれはダメです。乱雑でいいかげんなイメージを持たれます。

大きなシステム手帳は重くて持ち運びが大変ですが、スケジュール管理、プランニング、データベース等、多機能で、仕事を効率よく進めることができます。

何よりも上司の前で大きな手帳を広げ、熱心な態度で話を聴き、たくさんメモを取れば、上司に対する重要感を刺激し、好感を持たれることは間違いありません。

ポイント

聴き方の五大ルール…①表情効果、②うなずき効果、③相づち効果、④質問効果、⑤視線効果を意識する

4 相談というアイテムはこう使おう

相談はタイミングを見極めて

◉上司に限らず「悪い相談」は早めに

悪い報告、悪い連絡は早めにしろ、というのはよく言われることです。

悪い事態は早めに報告・連絡すれば、傷が小さいうちに何とかできる、という意味からです。ところが、これが結構むずかしいことです。

入社二年目の高田さんは、得意先の担当者から「おすすめする三つの商品の特徴はわかりましたが、上司に相談するのに、比較できる資料があるといいんですがね」と言われました。

会社へ戻ってから探してみました。しかし、適当なものがなく、もっとよく探してみようと思っているうちに、ほかの仕事もあり、そのままになってしまいました。

三日後、その担当者から電話があり催促されましたが、「適当なものがなくて……」と言うと「それなら結構です」と電話を切られてしまいました。

すっかり落ち込んでしまった高田さんは「どうしよう。困ったな。上司に相談しようか……。こんなことで相談したら怒られるかな。自分だけで解決すべきだろうな」と、悩みぬきます。

そんな高田さんの様子を見た隣の席の先輩社員・石橋さんが声をかけました。高田さんがわけを話すと、「なぜオレに相談しないんだ。どうしていいかわからないときは、周りにいるだれかに相談するのがビジネスの基本だぞ」と叱られてしまいました。

それでも、高田さんは石橋さんに手伝ってもらって比較資料をつくり、その日のうちに得意先へ届けることができました。

ひとりで悩み、迷っていると、事態はどんどん悪くなっていくものです。悪い相談こそ早めにすべきです。

◉敷居の高い上司に上手に相談する法

いつも怒鳴り散らしている上司や、威張った上司も中にはいます。こういう人には私もあまり近づきたくはありません。

また、いつも忙しくて席にいない上司には、相談を持ちかける時間もありません。人に対して好き嫌いのはっきりしている上司も困りものです。好かれていればともかく、嫌われているのがわかっているのに、相談するのも大変です。

このように、相談しにくい上司がいることは確かです。しかし、相談しにくいからといってめげていては、できる人にはなれません。

報・連・相が成り立たず、仕事も進まないということです。それでは困ります。報・連・相は車のエンジンオイルのようなものですから、うまく回すために絶対に必要です。上司がそれに気がついて、敷居を低くしてくれればいいのですが、部下から要求することもできません。

部下は部下で、そういう上司とつきあう技を磨くしかありません。

どんな技があるでしょうか。

①ひとつは「**タイミングをはかる**」ことです。

忙しそうな上司の、手のあいたときをねらって相談するとか、機嫌のよさそうなときを見はからって話しかけるとか、上司のいい状態のときに合わせることです。

②もうひとつは「**手短に話す**」ことです。

相談したいことを簡潔に伝え、アドバイスがほしい事項をピンポイントで示すことです。

相談内容をくどくどと説明していると、上司はイライラしてきます。こうなると、あなたはただの時間泥棒としか、上司には見えません。

③三つ目の技は「**上司を敬遠しない**」ことです。

あなたは上司を苦手と思っているかもしれませんが、それはあなたが上司の虚像におびえているだけではないですか。人間関係は鏡のようなものです。

あなたが嫌えば相手も嫌う。あなたがニッコリすれば、相手も微笑みます。遠くから見て「なんとなく怖そうな人だな」と思っていると、上司も「自分の殻に閉じこもる閉鎖的なヤツだ」と感じてしまうでしょう。

食わず嫌いにならないよう、上司にぶつかってみることが大事です。

ポイント

敷居の高い上司への相談は「早めに、短く、タイミングよく」

その人は相談相手にふさわしいか

◉相談する相手の選び方で効果は大きく違う

相談内容と相談相手がミスマッチだと、適切な回答が得られないばかりか、「そんなこと、オレにわかるわけないだろ。オレに聞くなよ」と拒絶されてしまいます。以後の関係にまで影響したりします。

仕事のことだからいいだろうと思っても、専門性の高い質問や、あまりにも細かい作業手順などは、聞かれた上司も答えられないかもしれません。

そうすると、答えられないことを聞いたあなたは、上司の面子をつぶしたということで、ポイントが下がるかもしれません。

相談相手を選ぶときは、ちょっとした注意が必要です。

私は、この相手選びには**「輪投げ理論」**を応用しています。

「輪投げ理論」とは、輪投げの的が遠すぎるとまったく入らず、イライラしてストレスがたまります（エクセス・ストレス）が、近すぎても簡単に入りすぎておもしろくない（ディ・ストレス）ので、努力すれば入る距離を設定する、という理論です。

ちょうどよい距離に的があると、適度な緊張感があり、士気を高めます。この距離を「ユー・ストレス」と言って、緊張感とやりがいを導き出す絶妙な距離なのです。

相談される人がちょうど答えやすいレベル（ユー・ストレス）の質問をする、そのレベルの範囲に入る人を見つけて相談をもちかける、それがコツです。

ちなみに、この輪投げ理論は、目標を設定するときのコツでもあります。

◉専門家に相談するときも窓口は上司に

専門家に相談するといっても、これがなかなかできません。

困ったことが起きても、いろいろな要素がからんでいるため、どの専門家に相談したらいいのかわかりません。

とくに医療の分野では、体の不調がどこから来るのか原因がはっきりしないうちは、どの医者にかかったらいいのか、素人にはわかりません。

ある子どもの話です。その子は、いつも頭が重く、気分がすぐれないので、病院で診てもらったのですが、原因がわかりませんでした。子どもなのにストレスだと言われたり、精神科も受診したりしましたが、治りません。

そのうち学校の検査で虫歯があると診断されたため歯医者さんへ行ったところ、歯の嚙み合わせが悪いことがわかりました。

頭痛の原因は噛み合わせにあったのです。歯科での治療を受け、その子の頭痛はすっかり治りました。

このように、何が原因かわからないときは、専門家に相談しようとしても、相手を選ぶことができません。

ビジネスでの相談も、上司だけに頼っていては解決できないことが増えています。専門性の高い相談事、たとえば顧問弁護士であるとか、税理士であるとか、コンサルタントに相談すべきことは、その方たちに相談すべきでしょう。

ただし、相談相手をだれにするかを上司に相談してみてください。つねに、「上司を相談窓口」にしておくことです。

ポイント

相談相手をだれにするかも上司や同僚に相談しよう

相談することで周りを仕事に巻き込める

◉相談したら結果報告とお礼を

相談をしたら、その結果がどうであれ、報告するのが礼儀です。相談と報告は、むしろ一対のものと考えるべきなのです。

相談された相手は、自分のしたアドバイスがどう役立ったのかとても気になります。報告がないと、相談された人は自分の助言どおりには進展しなかったのか……と不安になります。

相談したから報告する。これはひとつの行為です。とくに相手が上司であれば、相談しっぱなしで、その後の経過報告をしないのは失礼にもなります。

相談した相手をまったく無視しているようなもので、疑心暗鬼におちいらせます。

相談を次につなげる意志があるのなら、相手から、

「あの件はその後どうなった?」

と聞かれる前に、

「いろいろご心配をおかけしましたが、いただいたアドバイスが役に立ち、問題は解決しました。ありがとうございました」

のひと言はあってしかるべきでしょう。

あなたの仕事に対する上司の関心と期待が、より高まるという効果もあります。

◉情報の共有ができる「相談」のマジック

「相談」は、報告・連絡と違って踏み込んだ会話ができます。相談内容を説明するための情報提供も行われます。上司から質問されることもあり、情報交換の場にもなります。情報の共有が的確なアドバイスをする必須条件だからです。

この特性はもっと活かすべきです。報告だけでは伝えきれない情報を上司と共有するために、相談という形の打ち合わせを行い、仕事の進め方を決めていくのです。**あなたの仕事に上司や周囲を巻き込んでいく、その手段として活用できるのが「相談」**です。これをもっと頻繁に利用しましょう。

部下からの相談をよく受けていると、若い人たちの感覚が理解できるようになってきます。若い人に聞くと、同じように相談することで年配者の気持ちがわかる気がすると言います。

相談には、仲間意識、連帯意識を育てる効果もあるのです。

報告や連絡だけではなかなかこうはいかず、人間的な理解までは深まらないような気がします。

報告には報告の、連絡には連絡の使い方があり、それぞれの役割を果たしていくのですが、相談も相談なりの効果を発揮させる場があるのです。やはり、報・連・相が三つそろってのコミュニケーションなのだということです。

ポイント

相談するほどあなたへの周囲の関心は高まっていく

第5章

「報・連・相」に使えるNLP理論

1

人とのよい関係をつくるNLP理論

相手に好かれ、信頼してもらうためのスキル

◉NLP理論は相手の潜在意識に働きかける

いままで本書で述べてきたように、

①上司に好かれた人は出世もするし、給料も上がる

②上司に嫌われた人は、よい仕事が回ってこないし、遠ざけられる

と言うことができます。

ですから、上司から好かれ、認められることが必須であると再三述べてきました。そのための手段のひとつとしての、「報・連・相」の活用法を述べました。

誰でも人から好かれたいと思っています。でも、どうすれば人に好かれるかは、学校では教えてくれません。

人と親しくなれない人、あるいは人に何となく敬遠され、嫌われている人の中には、人知れず悩んでいる人も多いようです。

その反対に、他人とスムーズに仲良くなり、話がはずみ、初めて会ったのにまるで一〇年来の知己《ちき》のようになってしまう人がいます。

「俺は育ちが悪いからダメだ」とか「俺は口べただから……」、あるいは「これは性格だから……」というようにあきらめてしまっている人もいます。

アメリカの心理学者R・バンドラーとJ・グリンダーの2人がNLP（Neuro-Linguistic Programming）理論という画期的なコミュニケーション理論を発表しました。

これは日本では「神経言語プログラミング」と訳され、相手の潜在意識に働きかけるものです。現在、さまざまな場面への応用や人間性開発に適用されています。

上司や同僚との関係をよくする方法として必ず参考になりますので、ここではそのうちのベーシックテクニックを紹介します。

◉NLPは心と言葉の関係

「Neuro」というのは神経という意味です。心とか情感と言ってもよいでしょう。

また、「Linguistic」は言語という意味です。基本的には言葉と心、神経は連結しています。

たとえば、ちょっときたない話ですが、「ウンコ」と言うと、とても汚いイメージがあり、その言葉を聞いただけでも何か嫌な気持ちになります。

食事中に聞いただけで食欲がなくなります。

また、「間違ってタンつぼのタンをいっぱい飲んじゃった」と聞いたらどうでしょう。ゾッとして気持ちが悪くなります。

このように言葉と神経は密接に結びついています。でも、アメリカ人にウンコとかタンつぼと言っても何も感じないでしょう。

ところが、もし英語で「Shit」と言えば真っ赤になります。

このように言語によって相手はよい気分になったり、悪い気分になったりします。

ですから、人に好かれるためには言葉の使い方、話し方を実践的に改善しなければなりません。どうすれば相手が喜び、一体感を持ち、信頼してくれるのかを研究したのが、このNLP理論なのです。

ポイント

「言葉」と「心」のつながりを意識しよう

2 だれでも人間関係を改善できるペーシングのテクニック

「似た者同士」「同じ雰囲気」は気持ちがよい

◉意識的に相手に合わせる「ペーシング」

皆さんの会社にも、「あの部長とあの課長は仲がいいな」と思わせる人たちがいるでしょう。

ウマが合うというのでしょうか。いわゆるツーカーの仲という感じの人たちです。そうした仲のいい人たちを観察してみると、いくつかの共通点があるのに気がつきます。

たとえば同じ学校の出身であるとか、趣味が同じであるとか、価値観や考え方が似ているとか、いろいろと似ている面があるはずです。

皆さん自身もそうでしょう。自分の親友は、同じ学校や同じクラブにいたなど、身近で似たような人であるはずです。

逆に、他人と親しくなろうとするなら、相手と似た面を多くすればよいわけです。趣味でも服装の好みでも、ヘアスタイルでも、いろいろと似ている面をつくればよいのです。

それ以外にも、話し方を同じようにするとか、価値観、信念、考え方を同じようにするなど、いくらでも可能でしょう。

さらに面と向かって話しているときに、意識的に相手に合わせるのも有効です。それをNLPでは、「ペーシング」と言います。ペースを合わせる、合わせないという意味のペースのことです。

◉相手と言葉を合わせる「マッチング」

前述したように、私たちは自分と似ている人が好きです。自分と同じタイプの人は理解しやすく、いっしょにいても疲れることがありません。だから自分と似ている（LIKE）人を好き（LIKE）になり、心を許すのです。私はこれを、「LIKE＝LIKE理論」と言ってペーシングの根拠にしています。

つまり、似ている面を意識的にたくさんつくり、よい人間関係を築いていく手法です。意識的に相手に似せて歩調を合わせるので、これをペーシングと言います。

「今日は暑いね」と言われたら「今日は暑いですね」と答えます。間違っても、「えーっ、そうですか、家のほうは涼しかったですよ」というように、反対のことを言ってはいけません。

あくまでも相手に似せるのがポイントです。相手に合わせないのをディスペーシングと言います。「LIKE」イコール「LIKE」ですから、相手があなたと話していて、「どうも、こいつとは話が合わないな」と思わせてはまずいのです。

ですから、ともかく何でも相手の言った言葉を繰り返すようにします。

たとえば上司が、

「この前、ハワイへ行ったんだよね」と言ったら、

「ハワイへ行ったんですか。いいですね」というように繰り返します。

このように言葉を繰り返すほかにも、できるだけ声の大きさ、トーン、話し方のスピード等も合わせます。

これはペーシングの中でも「マッチング」(matching)と呼ばれる技法です。要するに、言葉をマッチさせるわけです。

また、相手が専門用語を駆使するような人であれば、こちらも専門用語をたくさん使わないと話が合いません。

相手がやたらに横文字を乱発する人であれば、こちらも横文字を使うようにします。逆に、相手が横文字が嫌いであれば、こちらは横文字を絶対に使ってはいけません。

◉同じ行動をとる「ミラーリング」は雰囲気をよくする

喫茶店で仲のよいカップルを観察してみてください。

とくに婚約中のカップルは、おそらく人生で一番仲のよい状態にあると思います。こうした二人を見ていると、実に歩調が合っています。当然、自然とペーシングができています。

つまり、相手が「オレンジジュースが飲みたいわ」と言うと、たぶん男のほうも「じゃ、僕もオレンジジジュース」と言います。

「今度の日曜日、ドライブに行こうか」

「ドライブ？　いいわね。ぜひ行きたいわ」

というように、飲む物も食べ物も話す内容も一致しています。

よく観察してみると、そのほかにも二人の態度、動作、表情なども鏡のように一致している場合が多いものです。

彼女がにっこり笑うと、相手もつられて笑います。

彼女がオレンジジュースを手に取れば、彼もグラスを手に取ります。彼女がおけば、相手もおくというように、よい関係にある二人は知らず知らずのうちに、いろいろな面で似たところが出てくるのです。

これを「ミラー現象」と言っています。まるで鏡のように一致した動作、話し方、ムードができあがっているわけです。

仲のよい人の動作が一致しているということは、逆に言えば、相手と意識的に動作を合わせるボディランゲージのペーシングが有効になってくるはずです。あたかも恋人同士のように、ボディランゲージを合わせてみてください。

ボディランゲージとは、姿勢、身ぶり、手ぶり、服装、態度、動作、表情、呼吸、座り方、足の位置など、無意識のうちに現れる体の動作を言います。

相手が身を乗り出してきたら、こちらも身を乗り出します。相手が手を机の上においたら、自分も机の上に手をおく、というように動作のコピーをしてみます。

とりあえず身近な人との間で実践してみてください。とても雰囲気がよくなり、相手との距離が近づくはずです。

鏡のように動作を合わせるので、これを「ミラーリング」、あるいは「同調ダンス」と言っている学者もいます。

【ペーシングの三つの基本】

❶ ミラーリング

鏡に映したように同じ行動をとること。相手がお茶を飲めばあなたもお茶を飲む。同じ動作をして行動のリズムを合わせます

❷ チューニング

ラジオの選局をするように波長を合わせる。フィーリングや価値観、ムードや感情の起伏などが対象。相手が喜んでいればともに喜び、悲しんでいればいっしょに悲しみます

❸ マッチング

話す言葉を合わせること。同じ言葉を使い、同じ速度でしゃべる。相手が専門用語や外国語を使うなら、あなたも同じ言葉を使って話します

◉「チューニング」で相手と一体感を持つ

相手と話していて気づくことは、とても明るく話す人もいれば、いつも深刻に話す人もいるということです。

つねに恐いムードを持っている上司もいます。あるいは、いつもジョークを飛ばして、よく笑う上司もいます。

実は、このような相手の話すときの感情とかムードも大切なペーシングの領域です。

相手が明るく話す人であれば、こちらも明るく話しましょう。相手が静かな口調で話す人であれば、静かに話します。熱意がある人であれば、熱意をもって話します。

相手の価値観、思考、信念、といったものもできるだけ合わせるようにします。

価値観といっても、それほど大げさなものではありません。

「自民党は強いね」と相手が言ったときに、あなたも「まったく自民党って強いですよね」といった感じでペーシングすればよいのです。

よく、人間関係をよくするには相手の立場に立て、と言われますが、相手のいまの気持ちを見抜き、それに同調することです。

ラジオの選局をするように、波長を合わせるので、これを「チューニング」と言います。

もしも上司が、

「加藤くん、最近お腹が痛くてね。もしかしたら胃潰瘍かな、と思うと心配でね。胃ガンだったりしたら最悪だからね」と言ってきたとき、何と言うべきでしょうか。

「大丈夫ですよ、部長。気にしないほうがいいですよ」とか、「そんなことないでしょう。部長はタフですから。頑張ってください」というように、軽く応じる人がいます。

これでは相手の気持ちに同調したことにはなりません。

相手は、いいかげんな、その場限りの月並みな答えをされたと思い、あまりよい気分にはなれません。

相手の〝いまの気持ち〟に同調することが必要です。いまの気持ちは、お腹が痛くて悩んでいる、ということです。そのポイントに同調することが必要です。

「そうですか。お腹が痛いんですか。それはいけませんね。もう病院にはいらっしゃいましたか?」というように、相手の立場に立った応答をすべきなのです。

ポイント 相手に「合わせる」だけで人間関係はよくなっていく

「ページング・プラスワンの法則」とは

◉相手よりひとつ多くのストロークを返す

先のページング三つの基本をマスターしたうえで、プラスワンを加えると効果は倍増します。

プラスワンとは、たとえば「おはよう」と上司に声をかけられたら、「おはようございます、森田部長」と名前を呼びかけたり、「いいお天気ですね」と話題をふったりすることです。これをやると、会話の糸口が広がり、内容のある話に発展していきます。

「佐川さん、おはようございます」と言われたら、普通は次のように答えるでしょう。

「おはようございます」

実は、これでは人間関係が悪くなるのです。

相手は、「佐川さん、おはようございます」と、ふたつのストロークを投げかけています。

それに対して佐川さんは、「おはようございます」と、たったひとつのストロークしか返していません。これではバランスが悪いのです。

この場合、

「あ、山本部長、おはようございます。今日はメチャメチャ暑いですね」というふうに、ひとこと多く返します。つねに、相手よりひとつ多くのストロークを返すようにするのです。

これを「ペーシング・プラスワンの法則」と言います。

ポイント

ひとつ多く返すことで会話が広がっていく

第6章

尊敬され、できるリーダーになるために

1 できる先輩・できない先輩の違いは何か

上司に必要な能力は人との対応能力

◉ヒラ社員からリーダーへ

あなたが本書に述べてある「報・連・相」の技術を駆使してがんばっていけば、必ず出世し、権限も与えられるようになります。

そして、主任、係長、課長、部長へと地位もあがっていきます。地位があがれば、必然的に部下の数も増えていきます。

また、仮に出世しなくても、いま現在はヒラ社員であっても、何人かの後輩社員がいるかもしれません。そうなると、今度は逆にあなたが上司として部下や後輩から「報・連・相」を受ける立場となります。

そのとき、あなたは上司、先輩として部下や後輩に対する指導力、いわゆるリーダーシ

【リーダーに求められる能力】

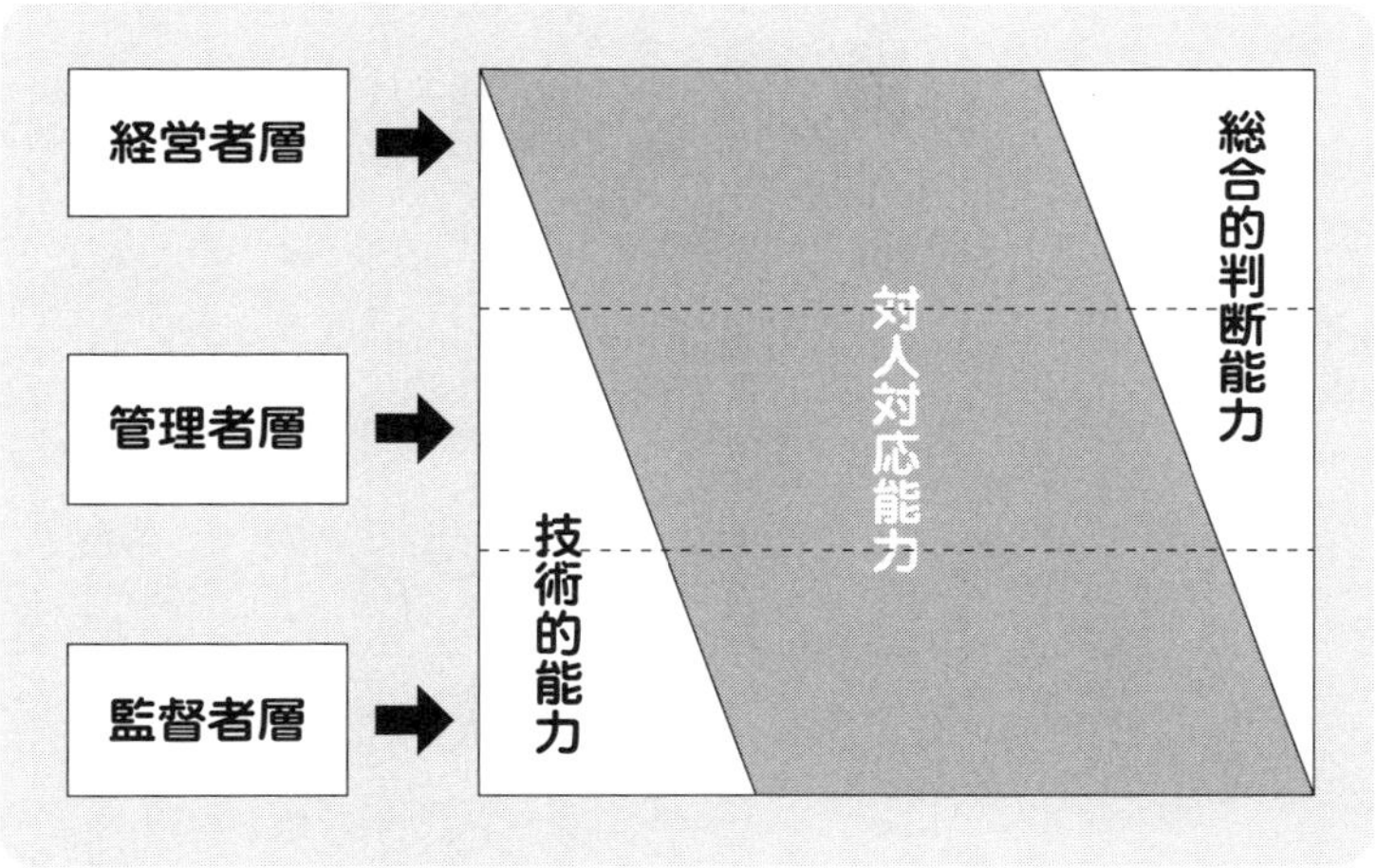

ップとか管理能力が必要とされます。

これまでは部下として上司を見てきましたが、これからはあなたがよい先輩かどうかという眼で見られます。

どうせなら部下や後輩とよいコミュニケーションをとり、尊敬され、どこまでもついて行きたくなるような魅力ある上司、先輩になりたいものです。

この章では、あなたがよい上司、先輩になるためにはどうしたらよいかを学んでいきましょう。

◉リーダーに求められる対人対応能力

上図を見てください。これは仕事の階層別にリーダーに要求される能力を図示したものです。

リーダーは、会社のために利益になることを企画立案し、部下を使って実現する能力を持たなければなりません。経営者層では、それらの企画を総合的に判断する総合的決断能力が大きな比重を占めます。

監督者層では、それらの企画を実行に移す技術的能力が求められます。そして、対人対応能力はどちらも同じ比重で要求されます。

人を使って仕事を進める以上、対人対応（報・連・相）の能力は、どのレベルのリーダーにも同じ比重で求められるのです。これを磨かないかぎりリーダーであり続けることはできません。

では、リーダーとしての対人対応能力はどうあるべきなのでしょうか。

ポイント
リーダーは人への対応力が求められる

リーダーシップの三つのスタイル

◉あなたは三つのうちどのタイプ？

ひと口に「上司」と言っても、世の中にはいろいろなタイプの人がいます。やさしい上司、怖い上司、仕事のできる上司、仕事のできない上司、頭のいい上司、頭の悪い上司、性格のよい上司、性格の悪い上司……、皆さんの上司はどんなタイプでしょうか。

昔から、親と上司は選べない、と言われます。自分で好きな上司を選べないのがつらいところです。部下としては嫌な上司に当たってしまっても、うまくやる必要があります。

また、あなた自身が上司となったとき、自分がどのようなタイプであるべきかも知っておく必要があります。

管理職、つまり上司のタイプを分けると、だいたい次の三つになります。

1 高飛車型
2 気配り型
3 放任型

この三つのタイプは具体的にどのようなものなのでしょうか。

職場における対人対応能力を考えるために、ひとつのケースをあげてみます。

若い社員が三日続けて遅刻してきました。上司としてどう対応したらいいでしょうか?

①呼びつけて叱る。あるいは怒鳴りつける。
②呼びつけて理由を質《ただ》す。そのうえで遅刻しないように説教する。
③黙って見守る。遅刻ぐせがなおるまで待つ。
④本人には注意せず、あなたの上司に相談する。
⑤夜、または昼食時に外へ連れ出して話し合う。
⑥本人には何も言わず、同僚や親しい人に善処してもらう。

こういった問題は、日常茶飯事に起きています。遅刻の原因もさまざまで、一概に本人の生活態度の乱ればかりとは言いきれないでしょう。

それゆえ、この設問には正解がないのです。これしかない、という解答はなく、ケースバイケースで処理をすべき問題です。

ではなぜ、こんな質問をしたかというと、この回答からリーダーとしてのスタイルがわかるからです。

①や②、とくに①を選んだ人は、高飛車型リーダーと言うことができます。

③や④、とくに③を選んだ人は、放任型リーダーに分類されるでしょう。

⑤や⑥、とくに⑤を選んだ人は、気配り型リーダーと言えるかもしれません。

そして、職場の生産性をあげるには「気配り型」がよいとされています。

◉やる気をなくさせるふたつのタイプ

高飛車型というのは、高圧的で頑固、よくカミナリを落として口うるさい、しかも自己中心的で独裁者の一面も持っています。精神主義で、反論や抗議を受けつけません。したがって報・連・相の敷居も高くなっています。

年長者であるはずの上司が感情をむき出しにして、若い部下と口論などしては、収拾がつかなくなります。後輩と接するときは、あくまでも冷静でなくてはいけません。

また、後輩との接し方しだいで、部下のやる気を引き出したり、なくさせたりします。「そんな報告じゃあ、何もわからんじゃないか。バカか、お前は」などと言ってしまっては、部下はやる気をなくします。

でも、こういうタイプの先輩って結構いますね。

前述したことですが、人は事実でなく言葉に反応するものです。部下は、自分の報告のどこがダメなのか反省しようとはせずに、「バカ」と言われたその言葉だけに反応して、上司への反発を強めたり、落ち込んだりします。

ひと時の感情にまかせて部下を罵るのは、部下のやる気をなくすだけの行為で、上司としてとるべき態度ではありません。高飛車型はやめるべきです。間違いなくやる気を失わせます。

ちなみに、**放任型**の特徴は、服従的でオドオドした印象を持たれ、小心で事なかれ主義と見られます。実際に大雑把で、仕事は部下に任せ切りのところがあります。報・連・相は必然性がなく、ほとんど機能しません。そのくせ部下を平等に扱わず、お気に入りを集めます。

これでは、やはり部下のやる気はなくなります。

◉これからは気配り型リーダーをめざせ

これから、皆さんがめざすできる上司、できる先輩のタイプは、当然ながら2の**「気配り型」**です。

アメリカでの調査によると、気配り型リーダーのいる職場の生産性を一〇〇とすると、高飛車型リーダーのいる職場の生産性は、わずか三九にすぎないということです。

実際は、皆さんの上司を見てもわかるように、世の中には高飛車型と放任型があふれています。

あなたは、がんばって気配り型のリーダーをめざしてください。

気配り型リーダーの特徴は、部下にやる気をおこさせることです。

そこで、やる気をおこさせる要因は何なのか、を考えてみましょう。

ポイント リーダーになったら「気配り型」をめざせ！

できる上司は部下にやる気をおこさせる

◉上司の最大の仕事はやる気開発

日産自動車を再生させた、かのカルロス・ゴーン氏は、「経営者、管理者の最も大切な仕事は、社員をやる気にさせることである」と言っています。部下にやる気をおこさせない上司は、最も大切な仕事をしていないことになります。

部下にやる気をおこさせて育てる、これができる上司です。

人が会社を辞める原因はいろいろあると思いますが、人間関係がうまくいかない、とくに上司と合わないケースが多いようです。

何とか後輩のやる気を向上させるスキルを身につけ、よい職場環境をつくらねばなりません。

あるとき、「皆さんはどんなときにやる気や満足感、あるいは充実感を感じますか？」というアンケート調査がありました。

すると、だいたい次のような答えが返ってきたそうです。

1　困難な仕事を成しとげたとき
2　自分の能力いっぱいに仕事をやり、成長したと思うとき
3　自分の成果や力を認められたとき
4　責任の重い仕事を与えられたとき

どれも仕事に直結したものばかりです。もちろん、中には「給料が上がったとき」や「休暇がとれたとき」「ボーナスをもらったとき」という答えもありますが、ごく少数です。

やはり、外から与えられるものより、自分の仕事での達成感、それを認められることに満足感を覚えるようです。

◉人は「ほめられ、認められ」て力を発揮する

気配り型の基本的姿勢は、部下を人間として尊重し、認め、仕事上の達成感を味あわせることです。

これは有名なたとえ話ですが、三人の親の話がよく引き合いに出されます。子どもが学校のテストで八五点をとってきたとき、親はどう反応するか、三つの場合を考えてみます。

Aのお父さんは、「なんだ、百点じゃないのか。次は百点をとれ」とハッパをかけました。

Bのお父さんは、「いま忙しいから、後で見るよ。そこへおいておきなさい」と振り向きもせずに言いました。

Cのお父さんは、「おお、よくがんばったな。一生懸命勉強したかいがあったな。ようし、このままいけば次は百点がきっととれるぞ」と頭をなでました。

このように言われたら、どの子がいちばんのびるでしょうか？　問うまでもないでしょう。Cのお父さんの子どもが最ものびるに違いありません。

人はほめられ、認められ、期待されて力を発揮するものです。叱られたり、無視されてはやる気もなくなってしまいます。

実は、「人はほめられ、認められ、期待されれば期待どおりになる」というのは心理学で**「ピグマリオン効果」**と言います。

旧海軍の連合艦隊司令長官山本五十六も、人を動かす要諦としてこんな言葉を残しています。

「やってみて　言って聞かせてさせてみて　ほめてやらねば人は動かじ」

このうち「ほめてやらねば」というところが重要で、他人によく思われたいという人間心理をよくとらえています。報・連・相の受け手のポイントも、実はここにあります。

気配り型の上司は、部下という子どもを育てているのですから、ほめてのばしていくことを考えましょう。

ポイント

ほめて認めれば、人は力を発揮する！

2 人に「やる気」をおこさせる方法

「やる気」が出るかどうかは人間関係も大きな要素

◉部下にやる気をおこさせる三要素

部下にやる気を起こさせるには、デール・カーネギーの言う〝重要感〟を与えればいいのですが、日常の仕事の中では「ひとかどの人間として扱ってほしい」という欲求をどう満たしていけばいいのか、迷うこともあります。

私は、①**目標**、②**責任**、③**評価**、の三つが、部下のやる気を管理する三要素だと思っています。

つまり、部下一人ひとりに、具体的目標を与え、責任を持たせ、ときに応じて指示・指導・援助を繰り出します。

最後に仕事が完了したときに積極的な評価をすることによって、部下の自主性とやる気を引き出します。

そこでは、「報・連・相」が重要な役割をはたします。

目標を与えるのは命令ではなく、部下との話し合い、つまり「相談」によって決めます。責任を持たせたうえは、簡単な「連絡」だけで、仕事ぶりを見守ります。仕事が完了したときは詳細な「報告」を求めます。それが評価の基準となります。

この三要素を実施することにより、リーダー自身も、目標管理ができ、忍耐心が養われるなど、成長が果たせるのです。

◉「怒る」のではなく「叱る」

リーダーとしてのタブーは、「怒る」ことです。「叱る」ことはよいのですが、怒ってはいけません。

その違いは理性の存在です。そこに理性があるのが「叱る」であり、教育的な意味が含まれています。「怒る」場合は感情的で、部下を教育しようという気持ちはどこかへ飛んでいってしまっています。それでは、部下は心酔しません。

外国のことわざに『わら一本でラクダを殺す』(It is the last straw that breaks the camel's back.)という言葉があります。

ある日突然、部下から辞表が提出されます。上司は驚いて「なんだこれは」と、部下の顔を見つめます。そういえば、昨日「遅刻をするな」と怒鳴ったのを思い出しましたが、遅刻を注意されたくらいで会社を辞めるとも思えません。

引きとめようとしますが、とにかく「辞める、辞める」の一点張りで、聞く耳を持ちません。

部下は、わらを背中に積まれたラクダの心境だったのです。

ラクダの背中にわらを積んでいくと、次第にその重さが増してきます。ラクダにとっても耐えられる限界があるはずで、限界に達したときは、その上にもう一本わらを乗せただけで背骨か足か、骨が折れて倒れこみます。

わら一本はわずかな重さでしかありませんが、耐えているものにとっては、限界を超えるきっかけになる重さなのです。

攻撃型の上司は、知らないうちに部下の背中に限界に近いわらを乗せてしまっています。不平・不満が鬱積しているときに「遅刻をするな」のわら一本が乗ったため、その部下は爆発してしまったのです。

そんなことにならないよう、上司は部下にどれだけのわらを乗せているか、報・連・相を活用して、つねに気をつけていなければなりません。

◉上司は部下の鏡、部下は上司の鏡

人間の感情は相手に伝わるものです。感謝すれば感謝され、憎めば憎まれます。

心理学では、これを「ミラー効果」と呼んでいます。まるで鏡に映るように、相手に抱いた感情が自分に返ってくるからです。

たとえば、ある部下に、「反抗的で嫌なヤツだな」という感情を抱いたとすると、その部下も上司のことを「口うるさくて嫌な上司だな」と思います。相手を拒絶する姿勢が見えると、相手はマイナス同士が反発するように、遠ざかっていきます。

逆に、「彼はまじめで仕事熱心だ。なかなかの好青年だな」と思うと、部下のほうでも「あの課長は、理解があって話のわかるいい課長だ」と思って近づいてきます。

報・連・相でもこのミラー効果が働きます。

部下が報告してきた事項に、「なんだ、そんな報告でわかるか。子どもの使いじゃないんだぞ」と怒れば、部下も「課長の指示どおりにやった結果がこれです。指示が悪いんじゃないですか」とふてくされます。

上司がニコニコと冷静に「報・連・相」を受ければ、部下も「今回はいい結果が出なかったけれど、課長は寛大に見てくれている。この課長のためにも次は必ずいい報告ができるよう、がんばろう」と、新たなファイトを燃やすでしょう。

部下にあなたのマイナス感情を映し出すことをやめ、部下のやる気を映し出す鏡になってください。

ポイント

相手によい感情を持って接すること

3 部下や後輩から目標とされる人になるには

部下や同僚から尊敬を勝ち取る法

◉できる人・尊敬される人とは

ほとんどの上司や先輩は、部下から尊敬され、親しまれ、感謝されたいと心の中で思っているはずです。そのためには、具体的にどうすればよいのでしょうか。

私が考える「できるリーダー・尊敬される先輩」の条件は、次のとおりです。

1　仕事のできる人
2　一生懸命働いている人
3　コア・コンピタンスを持っている人

他にも優しい人柄とか、スマイルがよいとか、ほめるのがうまい人など、いろいろありますが、仕事ということに限定すれば、右の三つになるでしょう。

ところで、1の仕事のできる人というのは、文句なく人から尊敬されます。では、どんな人が仕事ができる人と呼ばれるのでしょうか。

ピーター・ドラッカーは仕事のできる人の条件として、次の三つをあげています。

1　**仕事の速い人**
仕事の速い人は、人より多く仕事をこなすことができます。他人が一〇の仕事をする間に二〇の仕事をしてしまうような人です。

2　**よい仕事をする人**
ただ仕事が速ければよいというものではありません。質の高い仕事を正確に行うことも大切です。間違ったことをいくら速くやってもまったく意味がありません。

たとえば企画書を書く場合、仕事のとれる、内容の濃いものが書けるかどうかということです。

3　**優先順位の高い仕事のできる人**
優先順位の高い仕事とは、重要度、緊急度の高い仕事であり、金の稼げる仕事のことです。

人は好きな仕事、楽な仕事、円滑にできる仕事をやりたがります。これを私は「好楽円の仕事」と言っています。重要度の高い、困難な仕事は後回しになりがちです。むずかしい仕事、他人のできない仕事、金になる仕事をする人が「できる人」と言われるのです。

しかし、この1、2、3はかなりの能力を必要とします。能力のない人にとっては、しんどい条件でしょう。それほど飛び抜けた資質や能力を持っていない平凡な人はどうしたらよいのでしょうか。

そこで、先に述べた〝一生懸命働いている人〟が重要になってきます。

◉会社で成功するには給料以上に働くこと

一生懸命働くということは、とにかく給料以上に働くことです。

「そんなことをしたら損しちゃう」と思うでしょう。

しかし、そうではなく、長い目で見れば必ず得をします。

あなたが社長だとします。給料以下しか働かない社員と、給料以上に働く社員がいたら、どちらの社員を大事にしますか？　どちらの社員の給料を上げますか？　どちらの社員を昇進させますか？

社員には次の三つのタイプがあります。

①給料以上に働く社員、②給料分しか働かない社員、③給料以下しか働かない社員。世の中全般を見たとき、どうも②と③のタイプが圧倒的のような気がします。だから、大量にリストラされる人が出るのでしょう。

これからは、給料以上に働く社員になる必要があります。

人は誰でも楽をしたい、嫌な仕事、つらい仕事はしたくない、でも給料はたくさんほしいという、矛盾した考えを持っています。

それを逆にするのです。

人よりも多く働き、少しでもむずかしい仕事にチャレンジするべきです。そのような後ろ姿を部下が見たとき、「ああ、がんばっているなあ」と思い、ついていきたくなるものです。

これといった才能や能力がなくてもまじめに仕事に打ち込んでいる姿は、だれの眼から見ても好感を持たれるものです。

世の中、ミコシをかつぐ者が半分、ぶらさがる者が半分というくらい、真剣に仕事をしている人は意外に少ないものです。

ときどき、一日を振り返ってみたときに、生産的なことは何もしていないのに気がつくはずです。私も単なる書類の整理、電話の応対など、あまり金にならない仕事をして一日をすごしてしまい、夜寝るときに振り返ってみて愕然とすることがあります。

「給料が高いわりにはあまり仕事はしない、態度だけはでかい」――これが管理職のイメージのように言われています。どうか、一生懸命、給料以上の仕事をしてください。

ポイント ほかにとりえがなければ一生懸命仕事をすべし

コア・コンピタンスを持とう

◉オンリーワンでよいからナンバーワンを持つこと

企業にはそれぞれ得手不得手があります。ある会社はハードは不得意だが、ソフトではどこにも負けないと言うかもしれません。その逆もあるでしょう。

会社は小さいが、ある分野においては絶対に他社に負けない、日本一の技術を持っている会社もあると思います。

そういう会社は競争に強く、今後ものび続けるでしょう。

何かひとつでよいので、自社独自の圧倒的な強みがあれば勝てるのです。市場における優位性を確立し、繁栄する何かを持っていなければなりません。

これは個人の能力においても同じです。

何かの分野でオンリーワン（たったひとつ）でよいからナンバーワンを持つことです。際立った才能や能力を持たない人でも、何かひとつくらい得意なものがあるはずです。

このような、これだけはだれにも負けないという専門的能力のことを、最近では「コア・コンピタンス」（中心的専門能力）と言っています。

あなたは、自分のコア・コンピタンスを持っているでしょうか。

日本には、いままで年功序列、終身雇用といったシステムがありました。しかし、このふたつは音を立てて崩れ去ろうとしています。

現に実力主義として若くても重要な仕事をし、たくさんのお金をとっている人も増えてきました。いままでのように、ただ「遅れず、休まず、働かず」で、まじめに会社に来ていれば出世もし、給料も上がっていた時代ではありません。

「何もできない上司」では、これからは生き残れません。たったひとつでも他人に負けないスキルを磨いてください。

◉「3・3・3の能力」を身につけよ

私は、若い人たちにいつも「3・3・3の能力を身につけよ」と教えています。

「3・3・3の能力」とは、仮にいまの会社を辞めたとしても、3カ月以内に、最低3社から、3割アップの給料で引き抜かれる能力で、そういう能力を持つ人間になれということです。そのためには、あなたの中心となる専門能力を磨くべきです。

私は趣味として坐禅やサーフィン、ボディビル、カントリーミュージックなどをやっています。腕前は全部三流でへたくそです。サーフィンやカントリーミュージックなど、いくらやってもうまくなりません。

ただ、二四歳のときから、人前で話をすることに非常に関心を持ち、二十代後半から三十代後半にかけて、人前での話し方を徹底的に勉強しました。

夜、学校へ行き、アメリカにも留学し、先生について土日学び、ついに三三歳のときに、話し方、人間関係、セールスの有名な学校であるデール・カーネギー・コースの日本におけるインストラクターの資格を取得することができました。

その後、四一歳になるまで八年間、夜はデール・カーネギー・コースの学校でビジネスマンを指導していました。

私は、人前で話をすること、人に教える能力を、長い間かけて鍛えてきたわけです。

つまり、私のコア・コンピタンスは人前で教えることであり、話すことでした。何をやってもダメで才能のない私ですが、その分野ではちょっぴり自信もつきましたし、だれにも負けないという、うぬぼれもできました。

ですから、四一歳でイヴ・サンローランの社長を辞めたとき、内実は会社の都合で辞めさせられることになったわけですが、心の中では「しめた！」と思いました。

「ここで会社を辞めれば、会社の都合だから退職金がたくさんもらえる。それで独立しよう。いままで必死になって勉強してきた『人に教えること』を仕事にしよう」と決めて、次の日から食べていくことができました。

私は企業人教育のインストラクターとして独立することができたわけです。いまでは、富士通、新日本製鐵、三井住友銀行をはじめ日本の超一流企業の講師として活躍をさせてもらっています。

私には、幸い「3・3・3の能力」があったわけです。

◉何かひとつのことをライフワークにする

何でもいいのです。

あなたも、これだけは人に負けないというものを見つけ、ライフワークにしてください。

どんな分野でもかまいません。簿記でもいいでしょう。資格をとるのもいいでしょう。セールスにおける新規開拓でも、その分野においては社内でウワサになるような圧倒的強みを持つことです。

今日からでも間に合います。「石の上にも三年」と言います。三年間、すべてを忘れて打ち込んでみてください。必ず専門家になれます。専門の強さを持つことです。何もできない上司では、そのうち大変なことになります。

私の禅の師匠は、いつも「人生は今日がはじまり、今日からはじめよう」と色紙に書いておられます。

この「だれにも負けない能力」、ひとつだけでいいのです。

部下の眼から見て、「あの先輩は他にあまり才能があるとは思えないけど、新規開拓能力だけはすごいね。社内ナンバーワンだよね」という能力、つまりオンリーワンのスキルが身についたとき、あなたは部下から尊敬される上司になれるでしょう。

ポイント
「光る能力」はたったひとつあれば十分！

箱田忠昭（はこだ　ただあき）
インサイトラーニング代表。慶応大学商学部、ミネソタ大学大学院修了。年間300回以上のセミナーをこなすカリスマインストラクター。日本コカ・コーラ広告部マネージャー、エスティローダーのマーケティング部長、パルファン・イヴ・サンローラン日本支社長を歴任。その間、デール・カーネギー・コースの公認インストラクターを務める。1983年にインサイトラーニング（株）を設立、現在代表取締役。プレゼンテーション、交渉力、セールス、時間管理などのコミュニケーションスキルの専門家として全国各地で講演、研修をこなす。サーフィン、坐禅、ボディビルなどの趣味を持つ。著書は、『「できる人」の話し方&コミュニケーション術』『「できる人」の聴き方＆質問テクニック』（フォレスト出版）、『成功するプレゼンテーション』（日本経済新聞社）、『いつも「うまくいく人」の反論の技術』（すばる舎）他多数。
ホームページ：http://www.insightlearning.co.jp/
eメール：hakoda@insightlearning.co.jp

まわりを味方《みかた》につける
頭《あたま》のいい報《ほう》・連《れん》・相《そう》テクニック

2006年７月１日　初版発行

著　者　箱田忠昭
発行者　上林健一

発行所　株式会社日本実業出版社　東京都文京区本郷３－２－12　〒113-0033
大阪市北区西天満６－８－１　〒530-0047
編集部　☎03-3814-5651
営業部　☎03-3814-5161　振　替　00170-1-25349
http://www.njg.co.jp/

印刷／厚徳社　　製本／共栄社

この本の内容についてのお問合せは、書面かFAX（03-3818-2723）にてお願い致します。
落丁・乱丁本は、送料小社負担にて、お取り替え致します。

ISBN 4-534-04090-3　Printed in JAPAN